钢琴诗人 /XIAOBANG/
肖 邦

刘干才◎编著

辽海出版社

图书在版编目(CIP)数据

钢琴诗人肖邦／刘干才编著．—沈阳：辽海出版社，2017.6
ISBN 978－7－5451－4163－4

Ⅰ.①钢… Ⅱ.①刘… Ⅲ.①肖邦(Chopin，Fredreric Francois 1810－1849)-传记 Ⅳ.①K835.135.76

中国版本图书馆 CIP 数据核字(2017)第 136816 号

责任编辑：孙德军　王钦民
封面设计：李　奎

出版者：辽海出版社
　　地　　址：沈阳市和平区十一纬路 25 号
　　邮　编：110003
　　电　话：024-23284381
　　E-mail：dszbs@mail.lnpgc.com.cn
　　http://www.lhph.com.cn
印刷者：北京一鑫印务有限责任公司
发行者：辽海出版社

幅面尺寸：155mm×220mm
印　　张：14
字　　数：218 千字

出版时间：2017 年 7 月第 1 版
印刷时间：2017 年 8 月第 1 次印刷
定　　价：29.80 元

《世界名人传记文库》编委会

主　编	游　峰	姜忠喆	蔡　励	竭宝峰	陈　宁	崔庆鹤
副主编	闫佰新	季立政	单成繁	焦明宇	李　鸿	杜婧舟
编　委	蒋益华	刘利波	宋庆松	许礼厚	匡章武	高　原
	袁伟东	夏宇波	朱　健	曹小平	黄思尧	李成伟
	魏　杰	冯　林	王胜利	兰　天	王自和	王　珑
	谭　松	马云展	韩天骄	王志强	王子霖	毕建坤
	韩　刚	刘　舫	宫晓东	陈　枫	华玉柱	崔　武
	王世清	赵国彬	陈　浩	芝　羿	姜钰茜	全崇聚
	李　侠	宋长津	汪　裴	张家瑞	李　娟	拉巴平措
	宋连鸿	王国成	刘洪涛	安维军	孙成芳	王　震
	唐　飞	李　雪	周丹蕾	郭　明	王毓刚	卢　瑶
	宋　垣	杨　坤	赖晖林	刘小慈	张家瑞	韩　兆
	陈晓辉	鲍　慧	魏　强	付　丽	尹　丛	徐　聪
	主勇刚	傅思国	韩军征	张　铧	张兴亚	周新全
	吴建荣	张　勇	李沁奇	姜秀云	姜德山	姜云超
	姜　忠	姜商波	姜维才	姜耀东	朱明刚	刘绪利

	冯　鹤	冯致远	胡元斌	王金锋	李丹丹	李姗姗
	李　奎	李　勇	方士华	方士娟	刘干才	魏光朴
	曾　朝	叶浦芳	马　蓓	杨玲玲	吴静娜	边艳艳
	德海燕	高凤东	马　良	文　夫	华　斌	梅昌娅
	朱志钢	刘文英	肖云太	谢登华	文海模	文杰林
	王　龙	王明哲	王海林	台运真	李正平	江　鹏
	郭艳红	高立来	冯化志	冯化太	危金发	仇　双
	周建强	陈丽华	叶乃章	何水明	廖新亮	孙常福
	李丽红	尹丽华	刘　军	熊　伟	张胜利	周宝良
	高延峰	杨新誉	张　林	魏　威	王　嘉	陈　明
总编辑	马康强	张广玲	刘　斌	周兴艳	段欣宇	张兰爽

总　序

我们每个人心中都有自己崇拜的名人。这样可以增强我们的自信心和自我认同感，有益于人格的健康发展。名人活在我们的心里，尽管他们生活在不同的时代、不同的国度、说着不同的语言，却伴随着我们的精神世界，遥远而又亲近。

名人是充满力量的榜样，特别是当我们平庸或颓废时，他们的言行就像一触即发的火药，每一次炸响都会让我们卑微的灵魂在粉碎中重生。

名人带给我们更多的是狂喜。当我们迷惘或无助时，他们的高贵品格就如同飘动在高处的旗帜，每次招展都会令我们幡然醒悟，从而畅快淋漓地感受生命的真谛。只要我们把他们视为精神引领者和行为楷模，就会不由自主地追随他们，并深刻感受到精神的强烈震撼。

当我们用最诚挚的心灵和热情追随名人的足迹，就是选择了一个自我提升的最佳途径，并将提升的空间拓展开来。追随意味着发现，发现名人的博大精深，发现时代赋予我们的使命，发现最真实的自我；追随意味着提升，置身于名人精神的荫蔽之下，我们就像藤蔓一般沿着名人硕大粗壮的树干攀援上升，这将极大地缩短我们在黑暗中探索的时间，从而踏上光明的坦途。

不要说这是个崇尚独立思考的年代,如果我们缺乏敬畏精神,那么只能让个性与自由的理念艰难地生长;不要说这是个无法造就伟人的年代,生命价值并不在于平凡或伟大。如果在名人的引领下,读懂平凡世界中属于自己的那本书,就能够成为最好的自己。

名人从芸芸众生中脱颖而出,自有许多特别之处。我们追溯名人成长的历程,虽然每位人物的成长背景都各不相同,但或多或少都具有影响他们人生的重要事件,成为他们人生发展的重要契机,并获得人生的成功。

名人有成功的契机,但他们并非完全靠幸运和机会。机遇只给有准备的人,这是永远的真理。因此,我们不要抱怨没有幸运和机遇,不要怨天尤人,我们要做好思想准备,开始人生的真正行动。这样,才会获得人生的灵感和成功的契机。

我们说的名人当然是指对世界和人类做出突出贡献的伟大人物,他们包括著名的政治家、军事家、发明家、文学家、艺术家、思想家、哲学家、企业家等。滚滚历史长河,阵阵涛声如号,是他们,屹立潮头,掀起时代前进的浪花,浓墨重彩地描绘着人类的文明和无限的未来,不断开创着辉煌的新境界和新梦想,带领我们走向美好的明天。

政治家是指那些在长期政治实践中涌现出来的具有一定政治远见和政治才干、掌握权力,并对社会发展起着重大影响作用的领导人物。军事家是指对军事活动实施正确指引或是擅长具体负责军事行动实施的人,一般包括战略军事家和战术军事家。

政治家、军事家大多充满了文韬武略,能够运筹帷幄,曾经叱咤风云,纵横天地,创造着世界,书写着历史,不断谱写着人类的辉煌篇章,为人们留下了许多宝贵的精神财富和物质财富。

科学发明家是指专门从事科学研究和发明,并做出了杰出贡献的人士。他们从事着探索未知、发现真相、追求真理、改造世界和造福人类的大学问。他们都有献身、求实、严谨和持之以恒的精神，都具有一颗好奇心。从好奇心出发，他们希望探知事物规律，具有希望看到事物本质一面的强烈意识与探索激情。还有就是他们都有恒心，他们在科学研究中不断努力，努力，再努力，锲而不舍，具有永不止步的追求精神。

文学家是指以创作文学作品为自己主要工作的知名人士和学者等。其中，诗人是指诗歌的创作者，小说家指小说创作者，散文家指散文创作者，而文学家则是指在诗歌、小说、散文、戏剧等各种文学体裁领域均取得一定成就的创作者，他们是人类精神财富的创造者。

艺术家是指具有较高审美能力和娴熟创作技巧并从事艺术创作劳动而具有一定成就的艺术工作者。进行艺术作品创作活动的人士，通常指在绘画、表演、雕塑、音乐、书法及舞蹈等艺术领域具有比较高的成就，并具有了一定美学造诣的人。他们是生活中美的发现者和创造者，极大地丰富着我们的生活。

哲学家、思想家是指对客观现实的认识具有独创见解并能自成体系的人士。思想主要是用言语和符号来表达的，而致力于研究思想并且形成思想体系的人就是哲学家、思想家。他们用独到的思想解决生活中遇到的问题，且在此过程中逐渐认识自我与宇宙，以此解决人们思想认识上矛盾迷惑的问题。他们是我们人类灵魂的工程师，塑造着我们的人格，探讨所有人类重要的问题和观念，并创造出一种思考和思想的能力，闪烁着智慧的光芒，照耀着人类前进的步伐，推动着人类思想和精神不断升华，使人类不断摆脱低级状态，不断走向更高境界。人是有思想和精神的高级动物，因此，哲学家和思想家是人类不可或缺的，是我们人类的伟大导师。

企业管理家是最直接创造财富的人。他们创造物质财富，推动社会不断进步，使得人们更加幸福。财富虽然只是一个象征，但它与人们的生活、国家的发展、民族的强盛等息息相关。企业家也创造巨大的精神财富，他们在追求财富过程中所表现出来的创新、冒险、合作、敬业、学习、执著、诚信和服务等精神，是我们每一个人学习的榜样。

我们追踪这些名人成长发展过程中的主要事件，就会发现他们在做好准备进行人生不懈追求的进程中，能够从日常司空见惯的普通小事上，碰撞出思想的火花，化渺小为伟大，化平凡为神奇，从而获得灵感和启发，获得伟大的精神力量，并进行持久的人生追求，去争取获得巨大的成功。

影响名人成长的事件虽然不一样，但他们在一生之中所表现出来的辛勤奋斗和顽强拼搏的精神，则大同小异。正如爱迪生所说："伟大人物最明显的标志，就是他们拥有坚强的意志，不管环境怎样变化，他们的初衷与希望永远不会有丝毫的改变，他们永远会克服一切障碍，达到他们期望的目的。"

爱默生说："所有伟大人物都是从艰苦中脱颖而出的。"因此，伟大人物的成长也具有其平凡性。正如日本著名歌人吉田兼好所说："天下所有伟大人物，起初都是很幼稚且有严重缺点的，但他们遵守规则，重视规律，不自以为是，因此才成为名家并进而获得人们的崇敬。"所以，名人成长也具有其非凡之处，这才是我们应该学习的地方。

英国著名哲学家培根说："用伟大人物的事迹激励青少年，远胜于一切教育。"为此，本套作品荟萃了古今中外各行各业最具有代表性的名人，阅读这些名人的成长故事，探知他们的人生追求，感悟他们的思想力量，会使我们从中受到启迪和教育，让我们更好地把握人生的关键，让我们的人生更加精彩，生命更有意义。

简　介

弗里德里克·弗朗索瓦·肖邦（Fryderyk Franciszek Chopin，1810~1849），1810年3月1日生于距华沙50多英里的小镇热拉佐瓦·沃拉，童年和青少年时光在华沙度过。

肖邦的父亲是法国人，侨居华沙任中学法文教员。母亲是波兰人。肖邦自幼喜爱波兰民间音乐，从小就表现出非凡的艺术天赋，6岁开始学习音乐。7岁写了《波兰舞曲》，8岁登台演出，不满20岁已成为华沙公认的钢琴家和作曲家。

19世纪40年代波兰民族运动的几次挫折，给肖邦精神上带来沉重的打击，他远离故乡，亲人和挚友相继逝世，都给他身心带来深深的创伤。

1830年11月华沙起义前夕，肖邦离开祖国经维也纳到法国巴黎定居。

1836年他开始患肺结核，病情日益加重。1848年，衰弱的肖邦去英国短期教学和演奏，为流亡国外的波兰同胞开了最后一次演奏会。

回到巴黎后，他的健康急剧恶化，于1849年10月17日病逝于巴黎。临终前他要求亲人把他的心脏运回祖国波兰。

从19世纪30年代初至40年代中期，肖邦的思想和艺术高度成熟，创作上获得极其丰硕的成果。他创作了很多具有爱国主义思想的钢琴作品，抒发自己的思乡情、亡国恨。

其中，有与波兰民族解放斗争相联系的英雄性作品，如《第一叙事曲》《降 A 大调波兰舞曲》等；有充满爱国热情的战斗性作品，如《革命练习曲》《d 小调谐谑曲》等；有哀歌祖国命运的悲剧性作品，如《降 d 小调奏鸣曲》等；还有怀念祖国、思念亲人的幻想性作品，如不少夜曲与幻想曲。

肖邦一生创作了大约 200 部作品。其中大部分是钢琴曲，著名的有两部《钢琴协奏曲》、3 部《钢琴奏鸣曲》、4 部《叙事曲》、4 部《谐谑曲》、24 首《前奏曲》、20 首《练习曲》、18 首《波兰舞曲》和 4 首《即兴曲》等。

他的钢琴音乐摆脱了交响乐和歌曲体裁的写法，旋律气息宽广，和声不拘泥于传统原则，注重色彩效果，调性明暗对比鲜明，结构自由多变，突出节奏个性，具有民族特征的节奏。

肖邦一生不离钢琴，所有创作几乎都是钢琴曲，被称为"钢琴诗人"。他在国外经常为同胞募捐演出，为贵族演出却很勉强。1837 年严词拒绝沙俄授予他的"俄国皇帝陛下首席钢琴家"的荣誉。舒曼称他的音乐像"藏在花丛中的一尊大炮"，向全世界宣告"波兰不会亡"。

肖邦的钢琴叙事曲和谐谑曲是形式庞大、内容深刻的作品，充分地挖掘了钢琴的表现力，扩大了钢琴的表现范围。他的两部钢琴协奏曲《波洛涅兹舞曲》和《玛祖卡舞曲》气势磅礴、震撼人心，强烈地反映了波兰民族精神，保持波兰音乐的节奏性特点，具有典型的民族性。他是将东欧音乐元素最早融入西欧作曲技法的作曲家之一，对后来民族乐派的形成起到一定的促进作用。

肖邦的练习曲和前奏曲在保持原有体裁特征的基础上，进行了高度的艺术加工和创新。在练习曲中既保留了原有的训练价值，又注入了艺术形象和情感意义，使它成为一种音乐会练习曲，迄今为止，很少有人能在这个领域取代肖邦的地位。

2010 年为肖邦 200 周年诞辰，被波兰命名为"肖邦年"。

目　录

一个懂事的孩子 …………………………… 001
对音乐非常痴迷 …………………………… 009
显现很高的悟性 …………………………… 015
学琴初露锋芒 ……………………………… 023
从不随波逐流 ……………………………… 027
师生感情深厚 ……………………………… 033
在各种活动中受到锻炼 …………………… 037
虚心接受老师批评 ………………………… 042
喜欢结交新朋友 …………………………… 046
萌发远大抱负 ……………………………… 053
体验乡村生活 ……………………………… 060
注重全面发展 ……………………………… 073
举办慈善义演 ……………………………… 083
兄妹感情深厚 ……………………………… 087
向莫扎特学习 ……………………………… 091
向民间艺人请教 …………………………… 096
向国外同行学习 …………………………… 099
推出优秀作品 ……………………………… 105
闯荡维也纳 ………………………………… 114

决定再次出国 …………………………… 123
人生的痛苦抉择 ………………………… 132
接受友人的帮助 ………………………… 142
在逆境中寻找出路 ……………………… 146
找到人生的方向 ………………………… 162
用实力证明自己 ………………………… 172
相爱分手有礼有节 ……………………… 177
和父母见面尽孝心 ……………………… 184
把悲伤埋在心里 ………………………… 187
在逆境中恋爱创作 ……………………… 193
不为利益所驱使 ………………………… 197
一颗心回到波兰 ………………………… 202
附：年　谱 ……………………………… 208

一个懂事的孩子

1810年3月1日，宁静而美丽的华沙西郊的热拉佐瓦·沃拉，从一个二层小木屋里传来了几声婴儿娇弱的啼哭声，一个小男孩出生了。

一个将会影响世界的钢琴诗人——弗里德里克·弗朗西斯科·肖邦就这样诞生了。

小男孩的父亲叫尼古拉，这个时候他急急忙忙地来到了小木屋里，欣喜地将小男孩抱在怀中，温柔而兴奋地对妻子尤丝迪雅说道："亲爱的，你看他那双明亮的大眼睛，快瞧呀，他还对我笑呢，他长得多可爱啊！"

尤丝迪雅深情地看了看这个家庭的第二个孩子，这个孩子有一双跟他父亲一样真诚的眼睛和精致的双唇。她轻轻地问尼古拉："不知道他将会是怎样一个孩子呢？"

尼古拉看着小男孩明亮的眼睛，确定地说："他会是我们波兰平原上最优秀的一个孩子。"

肖邦的父亲尼古拉是法国葡萄园的一个农夫之子。尼古拉是在法国出生的，他的父亲和母亲也都是法国人，他在16岁的时候来到了波兰，他很热爱波兰，简直就是把自己当成了波兰人。

尼古拉几乎断绝了自己和故乡本来就已十分淡薄的关系。而且，他也从来不向他的子女们讲述任何有关自己的法国出身和平民背景，他一提到法国的时候用的词汇都已经是"外国"了。

尼古拉聪明，而且勤奋好学。他不但擅长理财，还通晓法语、德语、波兰语三种语言。他在工厂里当过会计，还参加过波兰抵抗俄国入侵的军队，成为了一名上尉，但最后战争失败了。

尼古拉身无分文，也失去了原先的会计工作。他想回法国，但因疾病缠身未能成行。在贫困和疾病的压迫下，他不得不向命运低头，留在了波兰。后来，尼古拉凭着他流利的法语和波兰语在华沙给贵族家庭当起了家庭教师。

1802年，尼古拉成了斯卡伯克家的家庭教师，在这里，他认识了自己的妻子。她的名字叫尤丝迪雅。

尤丝迪雅是个农夫的女儿，她善良、温柔、沉静。她与富裕的斯卡伯克家有远房亲戚关系。当时，她正在给伯爵夫人当侍女，她受过良好的教育，还能弹得一手好琴。

一天，尼古拉走进客厅听到优美悦耳的钢琴声，这时他看到伯爵家新来的远房亲戚尤丝迪雅小姐正在投入地弹着一支曲子。为了不影响尤丝迪雅，尼古拉停下脚步，静静地站在门口，入迷地听着。伯爵夫人在院子里叫尤丝迪雅陪她去散步，尤丝迪雅完全沉浸在美好的音乐当中，当她听见伯爵夫人的叫喊声，立刻站起身快步向外走，差点儿与尼古拉撞个正着。

尤丝迪雅抬起头，惊讶地问："您在听我弹琴？"

尼古拉笑着回答道："已经听了半个小时啦，小姐。看你弹得那么认真，不敢过去打扰你。"

尤丝迪雅微笑地问尼古拉："您喜欢音乐吗？"

尼古拉回答："我很喜欢音乐，笛子、钢琴、小提琴什么的我都会。"

尤丝迪雅又问："那您最喜欢什么乐器呢？"

尼古拉高兴地答道："最喜欢小提琴，我一直在练习，但是我拉得不够好，以后还请您多多指点。"

尤丝迪雅一路小跑着奔向伯爵夫人，一边跑，一边还回头望望这个喜爱音乐的年轻人，嘴里高兴地说道："我当然可以当您的老师，以后我们还可以共同练琴呢！"

尼古拉对音乐也有特殊的感觉，他会吹笛子，会拉小提琴，因此对这个会弹琴的美丽女孩产生了爱慕之情。

1806年6月2日，35岁的尼古拉和24岁的尤丝迪雅在华沙西面的布罗肖夫的一个罗马天主教堂里举行了婚礼。

婚后他们养育了4个孩子：大女儿露伊斯、儿子弗里德里克·弗朗西斯科·肖邦、二女儿伊莎贝拉和小女儿艾米莉娅。

因为尼古拉和尤丝迪雅都非常地喜欢音乐，所以他们有一个和谐美好而又充满艺术气息的家庭。并且他们也有许多有知识和艺术才华的朋友。肖邦就是在上帝的安排下来到这样一个家庭里。在肖邦的血统中，母亲的波兰血统占了优势。肖邦母亲的家就在波兰平原上。

波兰民族是一个聪明、勤劳而爱好和平的民族。在肖邦母亲的家乡，人们喜爱音乐和舞蹈，人们最爱跳的就是波兰独有的舞蹈——《玛祖卡》。在这种欢快而神奇的舞蹈中，波兰人民忘记了战争，忘记了生活的困苦，他们沉浸在艺术与生命铸成的神奇与欢乐之中。当时欧洲大陆上的战火时常燃起，处于法、德、俄几个强国之间的波兰也难逃战争所带来的厄运。但波兰民族独特的文化却是根深蒂固的，这种文化在这片土地上生生不息。

在尼古拉夫妇婚后的第四年，他们的第二个孩子降生了。为这个小生命接生的是布罗肖夫教堂里的一位神父。他慈祥地叮嘱尼古拉夫妇说："这个孩子先天营养不足，体质很弱，要精心照顾他。"

尼古拉夫妇又喜添贵子，他们遵照神父的嘱咐，小心翼翼地照看着这个小生命。他们给这个孩子取名"弗里德里克"。这个孩子就是弗里德里克·弗朗西斯科·肖邦。

两个月后，尼古拉一家在4年前举行婚礼的那座教堂里，为小肖邦注册了教名，举行了登记仪式。

肖邦出生后不久，他们全家便离开了斯卡伯克伯爵家，离开了热拉佐瓦·沃拉，搬迁到华沙。

尼古拉的法语是小有名气的，后来他成为了华沙中学的法语老师。由于他们住的是城中最繁华的地段，为了支付昂贵的生活费用，尼古拉还不得不兼任其他地方的法文课教员。

当时的华沙属于华沙大公国的一部分，这个大公国是1807年拿破仑建立的。当然，对于幼年的肖邦来说，辉煌的拿破仑王国所代表的意义是遥不可及的。

当拿破仑的军队走向毁灭之际，华沙仍处于偏远、孤立的和平中心，好像成了欧洲的分水岭。直至1814年至1815年期间，维也纳会议重组分裂的欧洲，波兰再次遭到被俄国、奥地利和普鲁士瓜分的命运，华沙成为1813年俄国占领后的首都。

虽说经济上不算宽裕，但肖邦的父亲和母亲都有良好的音乐修养和艺术气质，孩子们在这个有良好艺术气氛的家庭里愉快成长着。尼古拉赚到一些钱后，就在自己的家里办起了一所寄宿学校，招收一些贵族家庭的孩子学习法语。

华沙中学全校的学生都很熟悉尼古拉，亲切地叫他尼古拉教授。他不仅教低年级，还教高年级的学生。早在1811年，他就开始教课。12年之后，已经没有一个学生再能记得起尼古拉的前一任教员老教师马赫了。

尼古拉在中学教法语和法国文学。他讲课时，甚至连那些最不开窍的笨学生都会用功地学，一半是出于自尊心，一半也是由于害怕。因为教授既严厉又很公正，他对不求上进的人不仅会给予训斥，而且会罚打戒尺。对好学生则给予真心诚意的表扬，以至于受表扬者会满意得脸色通红，耳根发热。

课间休息时，尼古拉习惯在走廊里散步。他快步地来回走着，脚后跟在地板上发出"咯噔咯噔"的响声。尽管他的头发几乎全都已经花白，脸上又布满了皱纹，但他的腰板挺直，动作如同年轻人一般矫健。

散步的时候，如果哪个严重地违反校规的小家伙或者高年级学生让尼古拉给逮住了，他既不嚷嚷也不发怒，而是沉默、长时间地沉默，在学生们的感受里，尼古拉的这种惩罚方式比打骂更难受。

尽管尼古拉外表上是那么庄重和威严，但他很少惩罚学生，除非在一些特殊的场合下，最终往往是以那种严厉的沉默来收场。虽然大家知道尼古拉教授不滥用戒尺，但他在上课时，教室里仍旧鸦雀无声。这不仅是由于教授要求严格的缘故，而且也是出于相互的尊重、友谊以及认真的讲授和聚精会神的听课。

尼古拉喜欢吸鼻烟。他吸鼻烟时，经常打喷嚏，而且声音响得刺耳。因此，每当在课上发生这种趣事时。教室里就像闪电一样掠过一阵轻轻哄笑的声浪，但顷刻即会消逝。

尼古拉先生波兰话讲得不错，比其他法国或德国出身的教员们强得多。但尽管如此，他的语调和重音听起来仍是十分滑稽。

在这方面教授特别敏感，因为他不仅自认为是懂波兰文的行家，而且不管自己的法国姓名和出身，还认为自己是一个地道的波兰人。

尼古拉还喜欢表演吹长笛，因为除了在音乐方面他没有什么可以表演的。

逐渐地，小肖邦开始长大了起来。每天尼古拉忙着打理学校的事情，而妻子尤丝迪雅则承担起培养、教育孩子们的责任。

每天早晨，尤丝迪雅早早起床，为丈夫和孩子准备早餐。吃完饭，尼古拉就去学校工作，尤丝迪雅则开始为孩子们上语言和算术课，下午则是音乐和绘画课。这样的日子非常有规律，在母亲的影响下，露伊斯、伊莎贝拉、艾米莉娅都对音乐产生了兴趣，小肖邦自然也不例外。

小肖邦还在襁褓中的时候，他的母亲便一边照看他，一边对他的姐姐进行启蒙教育，教她学习法文和美术以及弹琴。

他的母亲还经常抱着他，带着他的姐姐到花园里去玩。母亲把各种颜色的花儿指给他看，又教他俩数花儿，教他们在土地上学写阿拉伯数字。然后，母亲又告诉他们，这几个数字还代表乐曲中的DO、RE、MI、FA、SO、LA、SI。

就这样，小肖邦渐渐地学会了说话，学会了走路。蹒跚学步时的小肖邦，声音很轻也很柔，他的一举一动都像女孩子。小时候，肖邦的身上没有一点男孩子的阳刚气儿，这可能和他生来体质不好有关。

小肖邦对钢琴产生了浓厚的兴趣，他喜欢静静地看别人弹琴。他经常用手轻轻抚摸洁白的琴键，他会轻轻地触动每一根琴弦，因为妈妈早就告诉过他，如果把琴弄坏了，家里就再也没有值钱的东西了。

每当妈妈教姐姐练习弹琴时，他总是坐在地板上一边玩着玩具，一边听着琴声，当听到某个特殊的音符时，他会马上跑到钢琴前看个究竟。渐渐地，他一边听，一边用小手在左膝盖上弹奏。他常常一听就是几个小时，一弹就是好几个钟头。

1816年的一天，尤丝迪雅在露台上教大女儿露伊斯弹奏一首舞曲。尤丝迪雅先弹了一遍，然后手把手示范给露伊斯。露伊斯认真地模仿妈妈的指法，体会着舞曲的节奏。

这时，露伊斯看到了弟弟肖邦，并且惊讶地问妈妈："妈妈，你看呀，弟弟怎么哭了？"

尤丝迪雅回头看见钢琴旁边的小肖邦安静地站在那儿，已经是泪流满面。尤丝迪雅惊讶地问："宝贝，快告诉妈妈是谁惹你伤心了？"

小肖邦抽泣着回答："妈妈，我不是伤心，是因为钢琴发出的乐曲很好听，我真的不是伤心才掉眼泪的。"听完小肖邦的解释，尤丝迪雅这才放心，将小肖邦揽在怀里，告诉他一些音乐中的音符。

有一天，母亲教他姐姐弹琴，弹得非常尽兴，结果把小肖邦给忘了。中午的时候，他爸爸回来吃饭，看见只有母女俩弹琴，就问："弗里德里克跑到哪里去了？"

这一问不打紧，可把他母亲和姐姐吓坏了。母亲一想到她们已经弹了好几个小时的琴，已经有好几个小时没有见儿子了，她的心就特别地恐慌。

母亲想到了家门前的那条河，便急忙往外跑，她在心里祈祷说："上帝，保佑我的孩子吧！"

就在这时候，小肖邦从钢琴下面伸出了小脑袋，说："爸爸妈妈，我在这里呀！"

尼古拉喜出望外，他抱起了儿子，连忙喊回妻子，一家人转忧为喜。原来，小肖邦在钢琴下面听入了迷，没想到一下子几个小时就过去了。

童年的小肖邦爱好广泛，但他不像大多数的男孩子一样，喜欢做剧烈的运动。他和姐姐一起学习美术，学习表演，学习写字，又跟父亲学习法语，进步很快。他常常端坐在地板上写字、画画，胸前系着一条花围裙，以防墨水弄到衣服上，这样衣服上的墨汁是少了，可脸上却常常沾满了墨水。

他的姐姐常常被他的大花脸逗得哈哈大笑。每当这个时候，小肖邦索性就用脸上沾着的墨水，给自己画上胡须。渐渐地，母亲从孩子零乱的画纸中，发现了儿子的画画天赋。于是，她梦想儿子有朝一日成为一个杰出的画家。

对音乐非常痴迷

肖邦 6 岁的时候,他们家里已经有了 4 个孩子。

家里的孩子都开始学习弹琴,姐姐露伊斯的钢琴弹得很出色,经常帮助弟弟、妹妹。

不久,母亲又发现小肖邦弹琴的天赋要比露伊斯高得多,他的演奏水平超过了姐姐。

1816 年夏天的一个暴风雨的夜晚,天地间狂风夹杂着豆大的雨点,铺天盖地地砸下来,敲打在人家的玻璃窗上,发出一片"哗哗"的噪声。

在波兰首都华沙城内的一所宽敞的住宅里,尤丝迪雅卧室里还亮着灯。此刻,她正坐在床边,入神地看一幅显然是儿童画的画像,眼里闪着欣喜的光。

这幅画线条稚拙,却非常生动。画上的少女有着一双很大很美的眼睛。这时,她的丈夫尼古拉走进卧室,望了她一眼,笑着说:"亲爱的,你还在欣赏儿子的杰作吗?"

尤丝迪雅从床边站起来,微笑着说:"你看小弗里德里克画得多好啊!你难道看不出他有绘画的天才?"

尼古拉走到妻子身边,和她一起欣赏6岁的儿子弗里德里克当天上午为自己的姐姐露伊斯所作的画像。

"确有几分像。"尼古拉眯起眼睛说,"不,我感觉应该说非常像,尤其是眼睛。"

"这是因为,露伊斯的眼睛和你的一样大,一样美。"尼古拉说着,俯下身子轻轻地吻了一下妻子的额头。

尤丝迪雅继续说道:"这孩子对音乐也有很强的感受力。亲爱的,还记得吗?他第一次看你弹琴时的神态。他是那么的专注,眼睛一眨都不眨。有一次,他甚至感动得流了泪,就像他听懂了似的。"

尤丝迪雅越说越高兴:"对了,这几天露伊斯正教他弹琴呢!"

"是吗?"尼古拉把脱下的外衣挂在衣架上,若有所思地说,"要学琴就得为他请一位音乐教师,需要进行正规的训练。"

尤丝迪雅知道,尼古拉该开始晚间的阅读了,于是从床上拿起那件没有织完的毛衣,随口问了一句:"孩子们都睡下了吗?"

尼古拉随口说道:"孩子们现在都已养成了按时入寝的习惯。"

他们所说的孩子,不仅是指自己的子女,还包括在他们家寄宿的学生。

尼古拉的这所"学生书院"相当正规,课程完备,尤以教授法语著称。他教导有方,因而享有很高的声誉,乡下的贵族们都愿意将孩子送到他这里接受教育。尼古拉对他们就像对自己的孩子一样,每天晚上都亲自巡视学生们的寝室,检查他们是否关好了窗子,盖好了被子。既像严父,又似慈母。

许多年以后,斯卡伯克伯爵在他的《回忆录》中谈到尼古拉时写道:

他是诚实的、有教养的人。他献身于教育波兰青年，绝不是要把他们变成法国人，绝不是要把在法国占优势的一些原则教给他们。

他尊敬波兰人。他对于这使他得到殷勤接待的土地和人民是怀着感激之情的。他正直地尽了自己的义务，教育了委托给他的波兰的优秀儿女。

虽然尼古拉一直不愿意提起自己的国家，但是尤丝迪雅知道自己的丈夫始终没有忘记自己的祖国。他的书柜里都是法文书籍。

此刻，他拿出一本名著，坐在沙发上，刚读了一页，这时突然传来了一声尖叫："救命啊！快来帮我啊！救命啊！"

尼古拉急忙从沙发上站起来，他的妻子说："亲爱的，发生了什么？"

尼古拉安慰她说："没什么，别担心，是保姆在叫。我下去看看，不会有事的。"

说完，他抓起灯盏，便"噔噔噔"地跑下楼梯。刚一到楼梯口，他发现保姆正站在楼梯下面，一脸惊恐的神色，伸出一只手颤颤巍巍地指着客厅。

尼古拉埋怨她说："怎么回事啊？你疯了，深更半夜，这样大呼小叫的！"

保姆结结巴巴地说："那里，客厅里有鬼！"

"什么？有鬼？胡说八道！怎么会有鬼呢？大概是个想偷东西的贼。"尼古拉有点生气地说。

"不，不！不是贼，不是贼，是有人在弹钢琴！"保姆摇摇头答道。

"什么？有人弹钢琴？"尼古拉皱了皱眉头，说，"深更半夜的，怎么会有人弹钢琴呢？你一定是听错了！是不是因为琴盖没有盖上，是猫在琴上走呢？"

尼古拉紧紧地抓着灯盏，把耳朵贴在客厅的门上，仔细地听着。的确，是有人在弹钢琴，而且弹得十分好，绝不会是猫走动发出的声音。

尼古拉轻轻地把门推开了一条缝，就着窗外一阵阵的闪电，往里面一瞧，顿时吓了一跳：黑暗中，一个小男孩正坐在钢琴前聚精会神地弹着！

当尼古拉和保姆来到大厅时，他们不禁惊呆了。大厅里没有开灯，在一片朦胧的月光下，他们看见6岁的儿子穿着睡衣，瘦小的身子俯在钢琴上，一双小手正在键盘上弹奏。尤丝迪雅听出来了，他弹奏的正是白天露伊斯教他的那支曲子。

尼古拉把房门打开，走过去，生气地说："弗里德里克，为什么不好好睡觉？黑灯瞎火地在干什么呢？"

黑暗中，小男孩被这突如其来的问话吓了一大跳，借着窗外一阵阵的闪电，他慌慌张张地溜下琴凳，胆怯地说："爸爸，您别生气！晚饭后妈妈弹的那支曲子实在是太好听了，它现在还在我的脑子里回响，所以我才偷跑出来弹的。这么大的雷电声，我以为不会吵醒你们的。"

"弗里德里克！"尤丝迪雅不知什么时候也来到了大厅，她边叫着边扑了上去，一把将跪在琴凳上的儿子抱起来，亲吻着小肖邦的额头，紧紧地搂在怀里。

尤丝迪雅轻声地对小肖邦说："宝贝，你看都几点了，你就这样穿着衬衣，光着脚丫，在屋子里晃来晃去的，多容易感冒啊！"

小肖邦平时身体就很弱，大雨天，他就是从窗前走过，也会被风吹感冒的。

忽然间,大厅里的灯亮了,露伊斯带着两个妹妹也来到大厅里。小肖邦揉揉眼睛,喃喃地说:"你们怎么都来了?姐姐,你白天弹奏的那首曲子老是在我耳边回响,我总也睡不着觉,就起来把它弹了一遍。"

弟弟居然不用乐谱,仅凭着记忆就能弹奏出那首曲子,这太不可思议了!露伊斯真为弟弟感到高兴。伊莎贝拉在旁边拉着哥哥的手说:"哥哥,你真了不起!"艾米莉娅也在心底里非常佩服自己的哥哥。

这时,尼古拉家的那些学生们也都好奇地挤在房间门口看热闹。尼古拉回头看见这些学生们也都跑了出来,对他们喝道:"你们赶快去睡觉!这么晚了,还跑出来看什么?有什么情况,我会去你们的房间告诉你们的,现在都去睡觉。"

在尼古拉的家里,是有着严格的纪律的,小弗里德里克听到父亲让他去睡觉,立即牵着妈妈的手回到了自己的房间。他在平时身体就很弱,今天晚上,他竟然从被窝中爬出来去弹钢琴,真是不要命了。

随后,尤丝迪雅把他送回房间,给他盖好被子,又摸摸他的额头,感觉他没有发烧,这才放心地回去了。

小肖邦从小就对音乐有着特殊的领悟力,而现在他竟然从温暖的被窝中爬出来弹琴,这不能不引起尼古拉的重视。他认为到了作决定的时候了。尼古拉是个明白人,他知道这一点。这一瞬间,他们两个都明白了,他们儿子未来的路应该怎么走。

肖邦的妈妈回到丈夫身边后,两个人又说起了刚才的事情,他们又是欣慰,又是惊叹。两个人都说:"真是不可思议,他才学钢琴没多久,就可以盲弹了。"

肖邦的妈妈说:"他这样喜欢音乐,而且又这样有天赋,进步又快，真应该找个老师好好教教他。要不，咱们请个老师来教教他吧！你觉得怎么样？你看，他才6岁，就已经超过我了。他爬上琴凳就弹，好像是在做游戏一样，这可不是每个孩子都能办到的事啊！"

肖邦的爸爸说："可是，这也需要花一大笔钱。家里并不宽裕。"

肖邦的妈妈说："我们只要过普通的生活就可以了，不能因为钱耽误了孩子的前途啊！再说，我们不是还有一点积蓄吗？"

肖邦的爸爸尼古拉点了点头，已经没有多少心思看书了，于是**静静地躺在了床上**。但是他很久都没有睡着，他又回想起了他刚从法国迁移过来时的事情。他也很爱音乐，可是却因为生计的原因，没有继续学习下去，只在一家烟厂当了会计。后来，他辞了职，去给斯卡伯克伯爵夫人当家庭教师。

在那里，他寻觅到了自己的妻子——温柔善良的尤丝迪雅。而现在他已经有了4个孩子了，尤其是儿子弗里德里克表现出超凡的音乐天赋，自己一生都没有太大的成就，但是不能让自己的孩子们也庸庸碌碌的。

于是，尼古拉暗自下决心，一定为弗里德里克找一个好老师，不能让儿子的天赋被埋没掉！

显现很高的悟性

尼古拉早在1794年就曾参加过波兰民族英雄柯希丘什科率领的军队和分割领土的强盗战斗过。但因俄、普大军重重包围，猛烈进攻，起义失败了，已被提升为上尉的尼古拉随起义军被遣散了。

这样尼古拉住在华沙的家里，经常有他在起义时结识的许多知名人士前来光顾。

他家里成了一个"文化沙龙"。尼古拉在故乡只受到初级教育，他总是虚心地向这些知识界的名人请教，坚持学习，充实自己。学习之余，他经常读法国启蒙主义作家的著作，偶尔也会演奏小提琴和长笛。

尼古拉教学十分严谨，学生们进步都很快，跟随他学习不久，就能够用流利的法语讲话。

由于家里办了寄宿学校，加上肖邦从小就很有人缘，无论大人和孩子，没有不喜欢他的。家里的寄宿生都成了肖邦的好朋友，其中比罗勃洛斯基和朱丽安·方塔娜后来和他始终保持着书信来往，一生都保持着儿时的珍贵友谊。

童年的肖邦爱好广泛，但他不像大多数的男孩子一样，喜欢做剧烈的运动，这也许和他天生体质较弱有关，或许和他性格内向有关。小肖邦经常跟姐姐一起学习美术，学习表演，学习写字，在学习波兰语和法语时，明显受到父亲的影响，进步很快。

家里的4个孩子，常常在客厅里欢欢笑笑。尼古拉还喜欢教他们朗诵、编故事，尽力让他们发挥自己的想象力，激发他们的创造性，开发孩子们的早期启蒙思维。

家里的孩子也都开始学习弹琴，虽然姐姐露伊斯的钢琴弹得很出色，而且经常帮助弟弟、妹妹。但渐渐地母亲尤丝迪雅发现小肖邦弹琴的天赋要比露伊斯高得多，他的演奏水平超过了姐姐。尤其是在那天晚上，他们听了小肖邦一个人弹琴之后。

天资聪慧、对音乐有着极大天赋的小肖邦，很快就成为全家人的希望所在，他也没有辜负父母的期望，每天都会刻苦练琴，对音乐的热爱与日俱增。

肖邦弹琴很认真，常常在家里的小伙伴聚在一起时，他却独自一人坐在琴前弹琴，小伙伴们大声的吵闹声并没有吸引他，他自己陶醉在音乐声中觉得非常快乐。即使在闷热的夏天，他也总是要练习很久的琴，有时候母亲看到他苍白的脸色，便让他停下来休息一会儿，担心他晚上咳嗽难以入睡，一直以来，小肖邦的身体都不是很好。

小肖邦在母亲严厉的命令下，停止了弹奏，可休息了一小会儿，自己就又坐到钢琴前面去了。

小肖邦的儿童时代，是在母亲的开导下学中有玩、玩中有学中度过的。小肖邦在音乐方面的才能，就这样被母亲独特的教育方式挖掘出来，使他日后创作的作品似天然生成一样地清新。

有时候在周末，尼古拉夫妇还会邀请朋友们来家里做客，他们让肖邦加入到大人们的演奏中，组成四重奏或五重奏一起演奏，他们在尽情弹唱中度过美好的夜晚。

自从那天晚上听到小肖邦弹琴之后，尼古拉一直都在寻思着应该尽快地给小肖邦找一个音乐老师，专业地教导儿子来弹琴。最后，他跟妻子尤丝迪雅商量，想到了他们的老朋友沃得伯克·茨弗尼。

小提琴家、钢琴家和作曲家沃得伯克·茨弗尼是尼古拉的好朋友。

转眼间，冬天来了，又下雪了。这天，当小肖邦家客厅的门打开时，进来一个古怪的老头。孩子们猛然间见了这个人，都不由自主地往后退。

这真是个怪异的人物，长相怪异，装扮也怪异。他让人联想起幽默报纸上刊登的那些惹人发笑的漫画。

他的个子很高，有一点驼背，还长着一张马脸，下巴上的山羊胡子往上翘着，身上则穿一件长长的绿礼服，黄色的马甲，颜色搭配得有些奇特。一支粗粗的方铅笔从马甲里面探出尖尖的笔头儿。

他的白色的领结打得很高，紧紧地箍在脖子根儿上，上面还撒了一些烟末。他的脚上，穿的是一双苏瓦洛夫式的马靴，上面都是积雪，把裤子扎得鼓鼓蓬蓬的。这样一看，他整个人显得又浪漫又让人觉得怪怪的。

他经常戴着一顶乱蓬蓬的已失去光泽的假发，然而他却拥有一双聪明而又善良的眼睛，那眼神里总是闪烁着智慧的火花。这个多才多艺的老人，让人一见到他，就会感到他整个人不但浪漫，而且很有趣；让人能联想到，他浑身充满了耐人寻味的故事。

尼古拉热情地迎了上来，他们相互拥抱。随后，他夸张地向孩子们介绍说："这位就是沃得伯克·茨弗尼先生，著名的钢琴家和教育家。他还曾为爵爷效过力呢！现在，我们能把他请来，为小弗里德里克上钢琴课，这是我们莫大的荣幸。"

尼古拉稍稍夸大了一些。茨弗尼只是一个普通的教授，不过很正派。他的名气并不大，可是他很负责任，对音乐，对学生都很负责。他还是个作曲家。可是，当时承认他的曲子的人还不太多。但他本人却很自信，他相信自己的曲子是出色的。

小肖邦用大眼睛怯生生地看着这位不速之客，和他的姐姐一样惊愕。他不明白，为什么爸爸为他找来的这位钢琴老师打扮得这样奇怪呢？他安安静静地待在一旁，也不吱声。说实话，他有点害怕这位看上去很奇怪的老师。

茨弗尼庄重地摘下了帽子，行了一个礼，露出了他黄色的头套。他一面大声嚷着天气真冷，一面毫不客气地接了一杯伏特加，一饮而尽。接着他又要了一杯，因为外面的确冷得厉害。

喝过了两杯伏特加之后，茨弗尼才低下了头，看着小肖邦，目光中有一些怀疑，说："这位就是在风雨交加的黑夜里，趁着爸爸妈妈都睡了，独自弹盲琴的神童啰。"

小肖邦低着头，不吱声。他的妈妈连忙热情地说："教授您见笑了。这孩子只是有一些天赋而已。"她又摸着小肖邦的头说，"这孩子今天有些认生！您不要见怪。"

茨弗尼看着小肖邦，学着小孩的口音说："那么，把你会的曲子弹给我听听，怎么样？"

听说要弹琴，小肖邦从从容容地爬到钢琴凳上坐好。他先是熟练地弹了一段莫扎特的小步舞曲，然后又弹了一串琵琶音、和弦与一些装饰音。

肖邦弹的声音干净，手指也很灵活，简直让人不敢相信这是一个6岁的孩子弹出来的，太让人吃惊了！

茨弗尼被孩子吸引住了，他把胳膊肘支在钢琴上，连手中的伏特加都忘记了，只是鼓着一双大眼睛注视着孩子。

突然，钢琴声戛然而止，小肖邦红着脸从琴凳上溜了下来，在键盘上刮出了一串声音。谁也不知道，这是他笨手笨脚带出来的，还是脑袋中来了灵感，自己谱出的一段曲子。

"太棒了！太棒了！真是了不起！"茨弗尼赞叹道，"老实说，我从未听过一个6岁的孩子竟然能弹得像他这样好。对了，你在小步舞曲后面弹的那一句是什么呢？"

小肖邦说："是我自己脑袋里的音乐，我就顺手弹了出来。"

"啊，才6岁就这样了！"茨弗尼对尼古拉说，"肖邦先生，您有一位天才儿子，我要好好带您的儿子，把他培养成为一位大音乐家。相信我茨弗尼的话！我会把他培养成一个大钢琴家、大作曲家的！"

茨弗尼又摸着小肖邦的头说："孩子，你要明白，我会教你更好地理解莫扎特！还有伟大的巴赫和贝多芬，我们一过圣诞节就开始上课，你看怎么样？"

小肖邦高兴地说："好的。"他现在开始有点喜欢这位奇怪的老师了。

茨弗尼这位捷克落魄的音乐家，早就注意到了肖邦的乐感。他每次来肖邦家做客，并应邀坐在钢琴前演奏时，他都注意到小肖邦总是瞪着一双蓝灰色的大眼睛，注视着他弹琴的手，小小的身子随着节奏轻轻摆动着。能教这样一个孩子弹琴，实在是晚年的一大快事。

茨弗尼的性格有些奇怪，不过正是这一点，使他成为了一名不一般的教师。他没有教小肖邦那些刻板的音乐模式。

茨弗尼有一种可靠的直觉，自己不能给这个音乐神童套上理论的枷锁。那样，会毁了他的天赋。他只是做一个极有耐心的园丁，把这根带刺的幼藤引向适合他的棚架。他要循序渐进，要让小肖邦一点一滴地接受这些音乐知识。

小肖邦果然聪明得惊人，学东西吸收得很快。而且，他特别会举一反三，你教会了他一首曲子，他会根据这首曲子的节奏和音调来创作自己的曲子。

凡是听到他即兴弹奏曲子的人，都会被他这不同凡响的音乐天赋惊住。大家都不敢相信这是出自一个6岁孩子的手。

尤其令人惊奇的是，小肖邦本人却似乎完全没有意识到自己的天赋。他弹钢琴，就像鸟儿在树上歌唱一样自然，毫无做作的痕迹。他没有觉得自己有什么了不起，更不在意别人的夸奖。

茨弗尼开始对小肖邦进行正如尼古拉所说的"正规的"训练。这位落魄的捷克音乐家对音乐有自己的见解。当意大利歌剧正风靡一时，到处只听见菲尔德·卡尔克勃伦纳和洪梅尔的音乐时，他却决定首先让弗里德里克熟悉莱比锡音乐家巴赫的作品。

当时巴赫差不多已经被人遗忘，茨弗尼的这一决定很是异乎寻常，然而却是正确的。巴赫的作品所展示的音乐形象以及完美的对位，严谨的和声对肖邦产生了决定性的影响，他从巴赫的作品中学到了许多东西。

茨弗尼在以后教肖邦学琴时，很少说赞美的话，他对学生的要求很高。他以音乐家特有的聪慧，发现肖邦是个不可多得的音乐奇才，并给予无微不至的关爱。

茨弗尼向肖邦讲述自己和音乐的缘分，讲述了自己学琴的传奇经历，讲述了他对音乐的钟爱，以及自己对乐曲的独特见解。为此，尼古拉还专门为小肖邦订购了一架波兰最好的大三角钢琴。

茨弗尼还教小肖邦一些自创的手指操。小肖邦的手指本来就很颀长，通过锻炼，他的手指更加灵活。茨弗尼也许因为性情怪僻，对事物有着独树一帜的见解，才使他成为一位不寻常的好老师。

小肖邦跟茨弗尼学琴后，更是终日守在琴旁，很少与外人接触，这样一来，逐渐地也形成了他孤僻古怪的性格。他少言怕羞，总是在郁郁寡欢中带有几分倔强。

小肖邦将练琴当成了自己的乐趣，有时候老师茨弗尼催促他停下来，他才肯来到户外透透气。

茨弗尼上课并没有什么固定的时刻，只要脱得了身就来这里给小肖邦上课。小肖邦爱学，老师也格外爱教，他们经常是加班加点地上课。几个星期过去了，他们师生之间建立起了一种真挚的感情。

有时候，茨弗尼来时会碰上尼古拉他们一家在吃饭，他也毫无顾忌地跟他们一起吃。他吃白食的名声显然已经是家喻户晓了。他成了尼古拉家里的常客，经常出现在这个温暖而又和谐的大家庭里。餐桌上他那一口夹杂着捷克、德国、匈牙利字眼的话语，还有那滑稽可笑的动作，逗得大家哈哈大笑，十分开心。

有一天，当茨弗尼来到小肖邦家里时，小肖邦正坐在钢琴前面弹琴。由于他弹得认真，当弹完一曲时，猛然回头，才发现茨弗尼老师正背着手站在他的身后。茨弗尼低着头鼓着一双大眼睛注视着他。小肖邦看到老师如此注视他的神情，不由得羞得满脸通红。

"你刚才弹的那首曲子，是从哪里学来的呢？"茨弗尼好奇地问。

"老师，不是学来的，是我脑子里自来就有的。"小肖邦看着茨弗尼说道。

茨弗尼更加惊讶地睁大眼睛望着小肖邦："那你再弹一遍我听听。"

听着小肖邦的音乐，茨弗尼不由得想到，肖邦不但是个音乐天才，还是一个勤奋上进、能吃苦的好孩子，他激动地告诉肖邦："小肖邦，你可真是个天才，但是天才也只有通过勤奋学习才能有所成就的！你还需要更加努力！"

渐渐地，小肖邦把自己的任何想法都告诉茨弗尼，包括他想创作曲子。这个内心的秘密他只向他的老师一个人透露。他越来越频繁地产生了创作自己的曲子的欲望。

每到这个时候，肖邦的老师就从口袋里摸出那支粗粗的方铅笔，把小肖邦脑袋中迸发出来的音乐迅速地记下来。这音乐很稚嫩，但是却清新流畅，还带有一种奔放不羁的想象力。

学琴初露锋芒

  天资聪慧的小肖邦，很快就成为全家人的希望，他也没有辜负父母的期望，刻苦练琴，对音乐的热爱也与日俱增。

  肖邦弹琴很认真，家里的小伙伴常常聚在一起玩耍时，他却独自一人坐在那里弹琴，小伙伴们大声的闹嚷声并没有吸引他，他自己陶醉在音乐声中，觉得非常快乐。

  在闷热的夏天里，肖邦母亲总是站在他身后，为他摇扇。有时母亲看见儿子苍白的脸，便命令说："停下来休息一会儿吧！不然今晚又咳得无法入睡了。"

  小肖邦经不住母亲的唠叨，总算停了下来，可休息了一小会儿，就又自己坐到钢琴前面去了。家里的人都在午睡时，肖邦被母亲强迫按倒在床上，可他的手指依然在默默移动着，因为，在他的心里有一架钢琴。

  有一天夜晚，尼古拉在巡视完所有学生的寝室后，照例去查看他儿子的房间。他心里想："这孩子总是闹毛病，还总是踢开被子。"

  尼古拉一边想着一边轻轻推开了儿子的房门。他发现小肖邦并没有睡着，而是睁着眼，好像在想什么心事。突然，他看见儿子的两只手露在外面，一只手里还握着一个鸡蛋。

尼古拉不由得火冒三丈。因为小肖邦的身体一直不太好，因而，家里对他的饮食要求很严格。在晚餐时，他爸爸妈妈尽量避免给他吃不利于消化的食物。所以，尼古拉看见肖邦手里紧握的鸡蛋很不高兴。

尼古拉看着咳嗽着的小肖邦，很生硬地说："你手里拿着鸡蛋干什么？你没有吃饱吗？"

小肖邦吓了一跳，连忙说："不是的，爸爸。我的手指头挨得太紧了，我弹起琴来很不舒服。我发现只有手握着鸡蛋的形状，和弹琴时手的形状才是一模一样的。我想多握握鸡蛋，对我弹琴是很有帮助的。"

尼古拉听着儿子的解释，心情平和了很多，他对儿子说："哦！是这样。那么，千万不要弄破了鸡蛋，弄脏了床单、被子。"停了一下，他又说，"很晚了，快点睡觉哦！"

"好的，爸爸！"小肖邦回答。

看着儿子这么懂事，这么酷爱音乐，尼古拉感到很欣慰。

肖邦手握鸡蛋这个习惯，保持了很多年。当许多年之后，他在异乡接到父亲去世的消息时，他马上想到的是父亲慈爱的目光，他想起了父亲每晚都要检查他的寝室，都要帮助他裹紧被子，他才知道父亲是多么地爱他！

就在茨弗尼教小肖邦学琴的第二年，7岁的小肖邦在华沙发表了第一首钢琴曲《g小调波洛涅兹舞曲》。这首舞曲是茨弗尼帮他记下的。

这件事很快便传了出去，全华沙的人都想听一听这个音乐神童弹琴。茨弗尼更是希望能够带着自己的得意门生，到城里的贵族沙龙去显露一下，让别人看看，他茨弗尼教的学生是多么的有才华。

不过，小肖邦的家人并不同意这样做，他们费了好大的劲才打消了茨弗尼的念头。尤丝迪雅并不希望自己的儿子成为一个逗人开心的小宝宝，他应该有自己独立的生活和自由。

人们都想听听这位资质超常的孩子弹奏的琴声，便有人慕名而来看他弹奏。在众目睽睽之下，小肖邦一点也不胆怯，他总是落落大方地坐在钢琴前面，认真地弹琴。

在众人热烈的掌声中，小肖邦依然沉静自若，没有一点沾沾自喜的样子。

就这样，肖邦成了全城学琴孩子的楷模，茨弗尼在人们的议论声中欣喜若狂，而小肖邦却毫不在乎。

这个孩子似乎天生就是个让大家娱乐的，他不但具有音乐天赋，而且还会模仿。无论是谁，只要被他看见，他都能惟妙惟肖地把他模仿出来，逗得人哈哈大笑。

而且他还会画像，只要刷刷两笔，他就可以把一个人的模样勾勒出来。面对这个小漫画家的毫不留情的手，你可要当心哟！

转眼间到了1818年2月24日，8岁的肖邦在华沙有了他人生第一次公开的演奏。这次是一个慈善机构举办的音乐会，小肖邦演奏了沃依·切赫·吉罗韦茨的钢琴协奏曲。

当肖邦被晚会的主持人领上台时，台下的一位重要人物有些失望。

这是一位从外地请来的资历颇深的音乐评论家，他看着眼前这个身着黑色金丝绒上衣的小男孩，便在心里抱怨起来："这么重要的活动，让一个不懂事的小孩来掺和，这算什么啊！"

没过多久，这位评论家便改变了看法。这是一首难度很大的钢琴协奏曲。台上的小男孩专注地演奏着，他的手指像着了魔似的，在琴键上舞蹈。每一个小小的休止符，都被处理得很清晰，干净明了。

这位评论家不禁大吃一惊，说："呀！他竟然能抓住作曲家的灵魂！这是谁家的孩子，这是谁教的学生？"

一曲终了，评论家带头鼓起了热烈的掌声。紧接着，无数双手伸向了尼古拉和茨弗尼，向他们祝贺。

在次日出版的《华沙日志》上，撰稿人大篇幅地介绍小肖邦，称他是"真正的音乐天才"。

华沙人在惊呼：上帝赐给我们一个"新的莫扎特"。

从此，小肖邦就像一颗冉冉升起的新星，闪烁着耀眼的光芒！他经常以音乐神童的身份，被贵族们邀请去演奏，一时间他成了华沙贵族沙龙的宠儿。

尽管在华沙已经小有名气，可是小肖邦并没有因此而骄傲，他也不是那种会骄傲的孩子。茨弗尼也明白，要教天才音乐神童是很难的，一不小心，便会使他从天才掉回到平凡上来。因此，他费尽心思地传授给肖邦一些巴赫和莫扎特的作品，而且还尝试性地鼓励他学习一些维也纳的著名作曲家的音乐，并让他接触一些并不是很有名的作曲者和一些较为新潮的作品，这些都为肖邦奠定了扎实的音乐基础。

在这个皮肤蜡黄、没有血色、目光中略带一些忧郁的小男孩身上，仿佛有着无穷无尽的音乐天赋，他好像就是一位通过梦想的音符来唱歌的小天使。人们都说在华沙诞生了一个新的莫扎特！

从不随波逐流

一天,茨弗尼正在为小肖邦讲解贝多芬的曲子。忽然,院子里传来了隆隆的马车声,这种声音对于肖邦一家来说是不常听见的。小肖邦立刻就走神了,他撇下钢琴就跑到窗边,只见一辆两匹马拉的豪华双轮马车停在了台阶前,一些穿军服的士兵还站在一旁。

小肖邦没见过这样的阵势,感到十分好奇,他问老师:"那是什么人啊?"

茨弗尼往院子里望去,他也十分惊异,说:"好像……好像是有客人,而且是贵人,平时难得一见的贵人!瞧瞧车门上的徽记吧!啊,这是君士坦丁大公家的马车。天啊!是来找我们的!"

"什么?大公?"小肖邦诧异地望着老师说,"就是专门吃小孩的那个人吗?"

茨弗尼吓了一跳,连忙看了看周围,还好,没有人听见这句如此不敬的话。他连忙小声地说道:"这种蠢话,你是听谁说的?以后千万不要再说了!"

小肖邦说:"是妈妈告诉我的,她说大公是个吃人的魔鬼,是大坏蛋。"

突然，外面传来了几声清脆的敲门声，茨弗尼的脸霎时变白了。不等茨弗尼去开门，小肖邦就见爸爸领着一个非常严肃的人进来了。

这个人的衣服上装饰着许多古怪的丝绦带。他脱下帽子，恭敬地行了一个礼，站在一边，一言不发。

尼古拉有点紧张，对茨弗尼说："对不起，打扰你们了。这位先生是奉华沙总督的命令，来请小弗里德里克和茨弗尼老师去为大公弹奏的，你们马上准备一下！"

从爸爸的表情可以看出，他对来的人十分恭敬顺从。小肖邦还从未见过爸爸这副模样，看来这件事是相当重大的。

一听这话，茨弗尼兴奋得涨红了脸，他屈着身子，说："什么？去王宫！啊！这可是天大的荣幸啊！"

这时候，尤丝迪雅从厨房来到客厅，她疑惑地看着自己的丈夫。尼古拉对她说："这位先生是奉华沙总督的命令，来请小弗里德里克和茨弗尼老师去为大公弹奏的。"

尤丝迪雅向这人微微地行了一个礼，没有说话。尼古拉连忙说："孩子他妈，你看给孩子穿什么衣服好？"

尤丝迪雅不说话，她迟疑了几秒钟，说："我去拿衣服。"便低着头去了。

妈妈最近刚刚为小肖邦做了一套礼服，是天鹅绒的。转眼间，衣服拿来了。小肖邦一句话也不敢说，乖乖地让妈妈给他穿好了衣服，扎好了领结。

尤丝迪雅摸着儿子的头说："宝贝儿，到了别人家里要懂礼貌，不要乱说话。弹琴的时候要好好弹，思想别溜号。记住妈妈的话了吗？"

小肖邦望着妈妈严肃的脸，郑重地点了点头。随后，尤丝迪雅领着小肖邦，交给了这个佩有古怪丝绦带的人，对他说："我的儿子还很小，麻烦您好好照看他！"

那人几乎没有认真地看她一眼，便把小弗里德里克带走了。不一会儿，豪华马车驶出了院子。

望着远去的马车，小肖邦的妈妈顿时哭了出来，她一边哭，一边说："怎么会这样啊！我可不愿意我的儿子做什么神童！也不愿意我儿子为那个暴君和那个恶魔弹琴。小弗里德里克回来后，我就把钢琴卖了，咱们再也不学钢琴了。"

尤丝迪雅担心小肖邦童言无忌，因为她曾经多次给孩子们讲到，君士坦丁大公是一个吃人都不吐骨头的大魔王！

尼古拉连忙安慰她说："你小一点声！你不要命了吗？现在是骂他的时候吗？你以为我对他会有半点好感吗？可是，他的暗探到处都是，警察也是四处横行的。我们的一言一行都被他们监视着，你说我们能表露出一丁点儿不满吗？从内心来说，我也不希望我们会和这个家伙有任何联系，可是我们得罪不起啊！"

再说小肖邦坐在马车里，一会儿看看这宽敞的马车，一会儿又看看车窗外面的街道，他平时并不是有很多机会可以出门的，特别是坐在这样豪华的马车里。

他忽然发现老师茨弗尼正在用手绢不停地擦着额头上冒出的汗，他对老师说："先生，您怎么了，天气很热吗？"

茨弗尼连忙说："噢！不，小弗里德里克，我没事，没事！"

很快，他们便来到了王宫。小肖邦和他的老师跟着信使来到了大厅的门口。就听里面一声吆喝："弗里德里克·肖邦和他的老师茨弗尼大师到！"

客厅的大门敞开着，厅堂里装着护壁板，挂着厚重的绣满暗花的窗帘。天花板上吊着精美的水晶灯，光彩夺目。

茨弗尼被眼前富丽堂皇的装饰弄得眼花缭乱，不知所措。他殷勤地一路向卫队弯腰行礼。

这个时候，小肖邦看到在客厅的最里面，有一个穿着制服的中年男人，满脸通红，两只拳头紧紧地握着。他正在像笼子中被看管的黑熊一样走来走去，嘴里还发出一些断断续续的吼叫。

小肖邦觉得，他应该就是那个大公，那个会吃人的大公。因为他的模样和母亲描绘的一样：他的下唇松松垮垮地往下耷拉着，小胡子桀骜不驯地往上翘着，两只眼睛圆鼓鼓的，透出一种怀疑的神色。他确实像童话故事中说的吃人妖怪，小肖邦禁不住多看了他两眼。

信使带他们来到大公夫人面前，大公夫人手一挥，信使就退下去了。小肖邦望着大公夫人，那对闪烁生辉的钻石耳坠，奇怪的假发，傲慢的神情，心里觉得很害怕。

这时，大公夫人发话了，她说："这位就是肖邦啰！很多人对我夸奖你的才华，说你是个音乐神童。所以，我很希望你能够为我们演奏一曲，你看可以吗？"

小肖邦有点担心这个大公会吃自己，便一句话也不说。

大公在那边不耐烦地说："废话少说。你还等什么？叫他弹几首曲子听听啊！我叫他来到这里，不就是为了弹琴的嘛！"

刚才，大公在盛怒之下用鞭子抽打了士兵，又把犯了错误的军官逮捕了。因为，对君士坦丁大公来说，阅兵失败比什么都令人恼火。因为检阅部队乃是他的全部生活，也是他在生命中唯一能做的事。

大公夫人拉过小肖邦的手，露出一些笑容，小声地说："你别怕，国王发火是因为刚才阅兵出了问题。国家的警察糟透啦！我们国家的军队也糟透啦！现在，许多刁民到处都在闹事！所以，国王他十分心烦。你别往心里去，你好好弹你的，弹得好有赏。"

茨弗尼在一边哈着腰，连忙说："是是是！"又意味深长地对小肖邦说："亲爱的肖邦先生，我们就全看你的啦！"

这时候，侍卫已经打开了琴盖，摆好了一只高凳，大家凑过去，小肖邦机灵地爬上凳子坐好，他即兴弹了一支进行曲，还模仿出了军笛和战鼓的声音。

茨弗尼的心中忐忑不安，他都快把手中的帽子捏成腌菜了。他不知道小肖邦为何非要即兴演奏，他有很多弹得很熟练的曲子，也有自己作的曲子，可他怎么……要是惹得大公生气，那么倒霉的就是师生两个人！

他们或许会被赶出华沙，或许以后再也没有机会出入上流社会了。茨弗尼紧张地用眼角观察着大公，生怕他不高兴。

这时候，就见大公像一头被驯服的狮子，眼里出现了安详的表情，刚才紧紧攥着的拳头也渐渐松开了。他踱到钢琴旁边，显露出惊异的神情。

他弯下了身子，仔细地盯着那些细小的手指头在键盘上飞舞着，它们似乎都没碰到琴键，可是却发出了一串串悦耳的音乐。等到最后的和音一奏出来，他就兴奋地叫起来："我要把这支进行曲给我的骑兵！孩子，这曲子太棒了！告诉我，这是谁作的？我去找他！我现在就派人去找他！"

小肖邦望了大公一眼，大方地说道："是我作的。"

"撒谎的小子！你怎么会作出这样好的曲子，你才多大？"大公有点不高兴了。

茨弗尼吃了一惊，他连忙微微屈了屈身子，细声细气地说："禀报国王，我的学生没有撒谎。这只是一些小曲子，的确是他自己作的，连我以前都没有听过呢！这一点，有上帝可以作证。"

大公哦了一声，奇怪地看着小肖邦。他十分高兴，拍拍小肖邦的头,对他说:"对了,你告诉我,弹琴的时候,你为什么老望着天花板呢?"

小肖邦抬起头,指着屋顶的壁画。那里,蓝底色上绘着《圣经》题材,他说:"见到您,我有些紧张,我看见天花板的这些小天使后,心情就不紧张了。"

茨弗尼紧张得在一旁擦汗。大公的烦心事顿时又袭上心头。于是他大声地说:"来人哪!领他去儿童室挑玩具,他喜欢什么就让他拿什么吧!"

到了玩具室,小肖邦犹豫了半天,还是拿了一只木马、一面鼓和一个小玩具。

大公夫人看着他从玩具室出来,便牵着他的小手说:"肖邦先生,你是我们波兰人的骄傲,也是我们国王的骄傲。回去吧!好好练琴。日后,我和国王希望听到你更多好听的作品。我们希望你能随叫随到,明白吗?"

说完,她从手上摘下一枚戒指来送给小肖邦。小肖邦有些吃不准该不该收下这个礼物。

茨弗尼连忙说:"赶快谢谢夫人!夫人的话一定要记在心上!"便替小肖邦收下了戒指。随后,卫队又用车把他们两人送回了家。

下了车,父母看着儿子和他的老师完好无损地回来了,还抱回来一堆战利品。他们疑惑地问茨弗尼:"情况怎么样啊?"

茨弗尼兴奋地叫道:"殿下特别喜欢他!你看,他们给了他好多礼物!"

肖邦的爸爸擦去了脑门上的汗水,说:"谢天谢地,总算平安无事。感谢上帝!感谢上帝!"

说着,夫妇俩不停地在胸前和额头画十字。

师生感情深厚

从肖邦第一次在音乐会上登台演奏以后，新闻界就开始谈论这个神童了。自从华沙大公召见小肖邦的消息传出去以后，新闻界更加大篇幅谈论这个音乐神童。在很短的时间内，小肖邦的大名就传遍了华沙。

小肖邦常常被人带去参加茶会、晚会和舞会，他从这个沙龙来到另一个沙龙，他成了许多高贵夫人的宠儿。华沙大公府也总叫他去弹奏几曲，他现在得到的赏赐也已经很多了。

渐渐地，他熟悉了贵族沙龙里的雕龙刻凤的天花板，五光十色的灯光，贵族们的豪华服装，贵族妇女们的绸缎衣裳和娇嫩的小手，以及绅士们装模作样的礼节、官话和套话。

儿子参加完各种活动回家后，小肖邦的母亲每次听完他兴奋的诉说，总是说一些叮嘱的话，让他从小就认识到：上层社会不但是个迷宫，更是一个陷阱！值得庆幸的是，在这灯红酒绿中，小肖邦没有被别人的阿谀奉承和赞叹冲昏头脑。

1820年1月，肖邦参加了著名的意大利女高音歌唱家安杰里卡·卡塔拉尼的音乐会。音乐会特邀小肖邦为卡塔拉尼伴奏。这是他第一次聆听这位著名的女歌唱家演唱。

演出结束后，卡塔拉尼亲自赠送给他一块带有她签名的金表，上面刻着："送给10岁的弗里德里克·肖邦。"小肖邦非常激动。当时，他在心里想，我一定要把琴弹得更好！

1821年，小肖邦已经11岁了。没事的时候，他还继续跟茨弗尼学琴。可是，慢慢地，茨弗尼，这位尊敬的老师，却成了小肖邦的一个障碍。

因为，茨弗尼所知道的，都已经教完了，还能拿什么来教啊？过去，他是弗里德里克的启蒙老师和保护人，他引导弗里德里克发现了巴赫的丰富、莫扎特的优雅、贝多芬的雄浑和壮丽。他引导了弗里德里克真正地进入了音乐的殿堂。

可是现在，茨弗尼老师的底子都用完了，他再也没有什么可以教的了，他上课时，只是重复过去的内容，对孩子已经没有什么帮助了。

学生已经超过了老师，这种情况两个人都知道。可是茨弗尼很喜欢这个既聪明又有才华的学生，他多么希望自己能够继续教下去啊！因此，小肖邦觉得十分为难。

有一天，上课的时间到了，茨弗尼来到了琴房，但是却没有见到小肖邦。他刚要发火，却发现钢琴上放着一叠乐谱，乐谱用一条蓝色缎带扎着，下面是一个礼包。

茨弗尼轻轻地把乐谱打开，只见上面用大写字母写着：

《波洛涅兹钢琴舞曲》。谨献给茨弗尼先生。

作者：学生弗里德里克·弗朗西斯科·肖邦。

1821年4月23日

这一天是圣阿达尔伯格节，也是老师的圣名瞻礼日。这份敬重让老师深受感动。不过他也明白，自己已被辞退了，再也不能教小肖邦了。

茨弗尼又打开大礼包，里面是一大包香烟和一幅肖像，画上的老师，手指上正夹着一支已点燃的香烟，老师的嘴角流露出高傲的微笑。

茨弗尼很感谢小肖邦的良苦用心。这些年来，他为了肖邦的身体健康，一直没有在肖邦面前吸烟。这一点肖邦是铭记在心的，所以，当他决定和老师分别时，他把香烟送给老师，他认为这更能表达他对老师的敬意！

多年以来，茨弗尼把这张画像一直珍藏在身边，后来肖邦在国外给他寄来的信里，都会夹着他画给老师吸着烟的漫画像，这成了他们之间永远的情缘。

在跟茨弗尼学琴的这5年里，小肖邦从一个弱不禁风的儿童长成了英俊少年，而茨弗尼却从原来的小老头，变成了更老的老头，他的胡子全部花白了，岁月的印痕爬满他幽默的脸。

在这5年里，小肖邦从神童到钢琴家，实现了茨弗尼青出于蓝而胜于蓝的梦想。茨弗尼将他毕生所学都教给了肖邦，该讲的他都讲了，该教的他也全部都教给了肖邦，茨弗尼感到很欣慰和自豪。

肖邦始终保持着对恩师茨弗尼的敬爱之情，他不会忘记他之所以能够走上音乐的道路是由于茨弗尼老师的引导，使他发现了巴赫、莫扎特、贝多芬这些名家作品的优点。

同时，也是茨弗尼教他创作了第一首乐曲，陪他度过了童年宝贵的时光。茨弗尼和华沙的文化界人士有着密切的交往，也使得肖邦的思想有了突飞猛进。

　　是茨弗尼老师把肖邦带进了音乐的殿堂，但是凭着肖邦的勤学苦练，以及自己对音乐的热爱与天赋，他却已经远远地超越了自己的老师，展露出了他过人的才华，也使得他萌生了将来一定要成为一名出色的钢琴家的强烈愿望！

在各种活动中受到锻炼

华沙在那些年代里是一座风靡一时的音乐之城。在家庭里人们举行音乐会,年轻人弹吉他、弹钢琴、吹长笛或者拉小提琴作为一种消遣。那些妙龄女郎拨弄着竖琴琴弦来表达自己对心上人的思念。在一起弹奏乐器或者唱歌成了大家爱好的娱乐之一。

除此之外,城里居然有两个歌剧团,波兰歌剧团和当时流行的意大利歌剧团。欧洲最有名望的音乐家常来华沙演出,音乐会上经常是座无虚席。听众通晓音乐,因此,一般的演奏者是难以博得他们的赞赏和掌声的。

在口味如此高雅、对音乐艺术如此敏感的城市里,将要闪现出一颗新的明星。

小肖邦辞退他的老师以后,一门心思地学了两个月的文化课程。转眼夏天到了,和所有同龄的孩子一样,小肖邦也是急不可耐地盼望着放假。

1821年假期,考虑到肖邦身体不好,乡下的环境和空气可能更利于小肖邦休养,他父母决定带着他们一家,回到恩主斯卡伯克伯爵夫人的领地去探望他们。

到达斯卡伯克庄园以后，肖邦兴奋极了，这是他第一次看到波兰的乡间景色。这景色多美啊！绚丽多彩，充满了活力。这么多年来，妈妈一直对他描述田园风光，使他早就心存向往，现在，他终于见到了真正的大自然。

古老的小城堡外面，高大的椴树荫蔽掩映着低矮的房舍，乌特拉塔河边的磨坊"咿咿呀呀"地转动，布罗索夫教堂安静神圣，小肖邦经常望着它们出神。

他喜欢这些美丽的地方，喜欢这里的纯净，也远离了束缚。在乡间的日子，他充满了快乐和兴奋。他和姐姐妹妹们一起，忘情地演戏、猜谜、跳舞、弹琴。

他在与村民们和乡村提琴师的交往中，学会了一些地道的波兰舞曲，他观察《玛祖卡》舞曲和其他地方音乐的舞步和节奏，并且能够跳得非常熟练流畅。他非常喜欢这些来自于乡间的音乐。

波兰民间音乐宝库是很丰富的，历来对华沙的音乐家都有强烈的吸引力。肖邦从小就被波兰民歌所吸引，最初是母亲的歌声使他着了迷。他的第一个鲜明的音乐形象是从母亲的歌声中得来的。每天只要一听到母亲圆润甜美的嗓音，他就乖乖地守在母亲身旁。也就是由于这使他着了魔的歌声，他更加依恋温柔的母亲。

母亲唱的民歌《佐霞在花园里》《两个玛露霞》《拉乌拉和菲伦》，给他留下了很深的印象。

在10岁左右，肖邦经常和父亲到城外散步，这使他发现了更广阔的音乐天地。

在一个严寒的冬天，肖邦和父亲参加晚宴归来，正在路上走着，他忽然听到隐隐约约传来活泼的舞曲，便拉着父亲朝发出声音的方向走去。原来是一家小酒店里正在演奏活泼、诙谐的《奥别列克》舞曲。

肖邦忘了冬夜的寒冷，站在窗户外倾听。听完一支曲子，父亲催他走，他像没听见似的。又听了一支《玛祖卡》舞曲，他还是不肯走。父亲深知肖邦热爱民间音乐，不忍心强拉他离去，可是看到他已经冻得发抖时，便决心要他离开。但不管怎样劝说，他就是不走，直至听完最后一首曲子的最后一个音符，才恋恋不舍地离去。

到家以后，虽然他的手脚都已经冻僵了，可是他全然不理会，那些活泼而动听的旋律，一直在他的脑海里回荡。因此，这次能够来到伯爵领地，能够接触到更多的波兰音乐与舞蹈，令肖邦欣喜不已。

肖邦把他在乡间听到的民歌，细致入微地再现到他的钢琴曲中。这件事他做起来特别得心应手，因为他具有敏锐的观察力和模仿的天赋。就在肖邦创作力很旺盛的时候，他对民歌仍然十分迷恋。

这期间，小肖邦还花时间谱了许多小曲子，这些曲子后来都成为他的一些著名的钢琴小品。他在乡下愉快地生活着，不论发生什么事，都不可能让他离开钢琴几个小时。

有时候，晚上，伯爵夫人会让人把钢琴抬到大枞树下或者果园里。在那里，孩子们还有她的仆人们，以及好多的村民都随着美丽的音乐翩翩起舞。

肖邦在他们的身上学到了好多来源于民间的最纯粹的音乐、舞蹈。他尤其喜欢波兰舞曲，那的确是一种可以让人为之迷醉的舞曲。但是，他也感觉到了这种曲子其中的不足，他便暗暗下决心，要把毕生的精力都用在改变波兰舞曲的形式上。

每当提琴手们在热烈的风笛伴奏下尽情演奏时,他简直高兴得忘掉了一切,脑海里只有乐曲的旋律。随着这奇妙的音响,他仿佛游历了整个波兰。直至夜深人静之后,他仍在细细地咀嚼其中无穷的乐趣。

肖邦曾经告诉别人这样一件事:

他在涅萨瓦时,有一次发现一个农村姑娘坐在栅栏上唱歌,他被这首歌迷住了。他既想听得更清楚些,又怕由于他的出现把歌声打断了,只得躲在篱笆旁边偷听,准备把旋律和歌词记录下来。

但是,他还没记完,姑娘就唱完了。他只得走到姑娘面前,恳求这位歌手再唱一遍。姑娘见这个小伙子那种着了魔的样子,不知道他想干什么,怕他是坏人,不肯再唱。

肖邦只得耐心地反复说明自己是为了创作收集素材。最后姑娘被他诚恳的态度所打动,终于答应了他的请求,又给他从头到尾唱了一遍,高兴得肖邦不知怎么感谢才好。

肖邦就这样不知疲倦地向人民学习。他亲自观察农村得来的民间音乐素材,可以说比老师给他的东西多得多。他是在民间音乐的土壤中成长的,所以他的早期作品大都明朗乐观,充满了青春的欢乐。

1823年6月的一天,肖邦穿着母亲亲手为他缝制的演出服,应邀参加妇女慈善机构举办的音乐会。当瘦小的肖邦在台上优美地弹奏时,人们被肖邦优雅的举止、高超的演奏技巧再次征服了,台下响起雷鸣般的掌声!

这次演出引起了很大的轰动,华沙《妇女信使报》高度评价了肖邦的演奏水平。并把他与当时已经出名的匈牙利天才少年李斯特相比较。

对这次演出盛况，华沙的《华沙论坛》《华沙公报》也都纷纷作了报道，他们把肖邦称为波兰民族的儿子。

这次公演后，肖邦的父母果断地决定，不能再让肖邦过多地参加演出和社交活动了，应该让他保持充沛的精力，跟埃尔斯纳老师学习，应该让他有更多的时间学习文化课。

这样，肖邦进入了新的学习阶段。

虚心接受老师批评

1823年7月,经过严格的考试,肖邦告别了在家中接受教育的生涯,成为华沙中学的一名学生。华沙中学有着悠久的历史,有许多知名人士在这所学校里任教。

在所学的课程中,肖邦最喜欢文学课和历史课,他从历史书上读到了波兰许多英雄的故事,这常常令他激动不已。课余时间肖邦很少和外界接触,许多美好时光,他都是在钢琴旁边度过的。

有一天上林德校长的课,小肖邦无意中在草纸上勾勒出林德校长的漫画像。没想到这张画像,竟被一个调皮的学生发现了,并偷偷交给了林德校长。

也是在这天晚上,就寝的铃声响了,可肖邦正津津有味地读着海顿的作品。

女舍管理员林德夫人来检查寝室,发现肖邦还没有睡,就严厉地责备他说:"学校的规定你不知道吗?你不知道会影响别人睡觉吗?"

肖邦听了,只好气咻咻地熄灯睡下。

第二天一早起来，他就画了一张林德夫人的漫画像，并把它贴在宿舍的门上。在他的笔下，端庄美丽的女舍管理员成了一个丑八怪。宿舍里的几个同学都说画得妙极了，妙就妙在一眼就能认出那是谁。大家开心地笑过一阵，就跑去上早操，画就留在了门上。

第二天早上，林德夫人在宿舍里发现了一张凶巴巴的漫画像。她一眼就看出，这是肖邦给她画的像。林德夫人气愤地把这张漫画像放在了校长的写字台上，向林德校长讲述了昨夜肖邦的违规情况。

校长看着手里的两张漫画像，准备找肖邦好好谈一谈。肖邦知道自己违反了学校的规定，这天中午，他低着头走进了校长办公室。他还不知道林德夫人的那张漫画像也在校长的手里呢！

当肖邦走到校长办公桌前时，他一眼便看见了自己画的那两张漫画像平放在办公桌上。

"糟糕，这回死定了。"肖邦心里又增加了几分恐惧，他胆怯地说："对不起，校长先生，我不该画这两张漫画像！"

林德校长只是平静地看着他，没有说什么。

肖邦接着说："我知道我错了，我接受学校的处罚！那天，您给我们讲波兰被强盗分割的3次历史，我看见您越讲越激动，就画下了您的漫画像，还有林德夫人命令我关灯睡觉，我又气又急，就摸着黑画了她的像！"

过了好久，林德校长才说："肖邦，你知道错了就行。谁说我要处罚你啦！你的画画得很好，也很像，就算送给我作为纪念吧！"

肖邦见校长对他如此宽容，他的心头一热，泪水流了出来，结结巴巴地说："谢谢您，校长先生，我一定重新给您画一张漂亮一些的送给您!"

夜里,肖邦在床上辗转反侧,他生怕这件事传到他爸爸的耳朵里。这时走廊里传来了林德夫人的脚步声,他慌忙用被子蒙上了头。

林德夫人轻轻走到床前,拉下了肖邦的被角,然后又轻轻给他掖好了被子,她认为肖邦已经睡着了。林德夫人走后,他越想越觉得自己对不起林德夫妇。这件事,给13岁的小肖邦留下了很深的印象。

两年后,林德夫人收到了肖邦送给她的珍贵礼物,肖邦把他创作的《第一号回旋曲》献给了她,并在公开场合表示了对她深深的敬意。

想不到从这件事后,同学们都称呼肖邦为"画家"了,也都争着请肖邦给自己画一张像。

这一时期,肖邦的聪明表现在很多方面,除了音乐,他在绘画和文学上也都表现了很高的天赋。肖邦学画也是很认真的,他随身总是带着素描的画本,他随时捕捉感兴趣的形象,并及时画下来。

肖邦15岁那年夏天在乡下度假时,曾寄给家里人一幅木刻画。他在信中写道:

> 我现在把这幅少有的逼真的木刻画像寄给你们。木刻版虽给弄坏了,但画像保住了。我并不打算像有些人那样盲目地认为自己的作品是伟大的。
>
> 起初我觉得它并不成功。可是这时雅希走进我的房间,瞧了一眼这幅画后嚷道:"这不就是库罗帕特维安卡吗?真像,像极了!"根据这一内行的判断以及弗拉内茨

基夫人和在橱窗听差的丫头的证实，我自己也相信它是十分像的了。请为我保存好这份贵重的宝贝，不要把它弄坏了。

事实上，肖邦的许多音乐作品都音画并茂，栩栩如生，这是杰出的音乐家在乐曲中作画，他用乐谱勾勒着美丽的线条，他的音乐作品，又被人们称作"曲中有画"，说他的音乐作品如诗如画。

喜欢结交新朋友

尼古拉受过法国启蒙时代文学的熏陶。因此，在生活中他把理智的力量看得高于激奋和情感之力。他在感情冲动时甚至能对自己最亲近的人也不露一点声色。他以自己独有的方式，即严厉地、暗暗地爱着肖邦。

如果肖邦不是在钢琴前表现出音乐上惊人的聪慧和敏感，那他只不过是一个普普通通的、讨人喜欢的、面目清秀的小伙子。

尼古拉从此指望着肖邦会成为著名的钢琴家，将在欧洲各国的首都舞台上演出，并获得辉煌的荣誉。

经过多年的贫寒，而后又是困厄的煎熬，尼古拉懂得了珍惜金钱的意义和分量。他永远也忘不了他当店员时，经常吃不上晚饭，饿着肚子去睡觉，大衣穿在干瘦的身上显得又肥又大，从两肩可笑地耷拉下来。

他经常是起早摸黑，没日没夜地干活。那时，他住在账房后面的一间陋室里。一扇布满蜘蛛网的小窗户，一张木板床，一张断了腿的桌子，桌子上放着几本自学用的书。20岁的尼古拉经常在念书时因困乏、衰弱而昏昏沉沉地入睡。这些往事的回忆常常像噩梦一样使他心悸。

如今,尼古拉有了地位,过着富足的生活。住房也变得漂亮、舒适、光线充足,富丽堂皇。添置了书画、一些珍贵的细软,花钱购买了一套依然十分时兴的华沙大公国式的家具,还添置了布霍尔兹巨匠精制的漂亮的新钢琴。

尤丝迪雅夫人是一位出色的母亲和家庭主妇。她总是设法使食品保持充裕。食品架的最上层是果酱,中间是大块大块的白糖,最下面是罐头、熏肉和腊肠。

在小小的地下室里码放着味道醇香的陈酒。家里收拾得干干净净,像他们家那样穿着整齐、教育良好、懂得礼貌的孩子是很少见的。尤丝迪雅夫人没有大声训斥孩子或用藤条打人的习惯。

尽管这样,在所有地方,不论是客厅、书房、寝室,还是食品室、地下室和厨房都是井井有条。其实,孩子们从未给大人增添过什么麻烦,只是有时寄宿中学的一两个学生淘气、胡闹,或者是照管食品室、厨房和地下室的佐斯卡打碎两三个盘子。而肖邦总是在母亲发火的时候护着佐斯卡。

他和敦实的小姑娘挺要好,甚至还与她约定:他给她这样那样的帮助,而她给他唱自己在故乡农村学会的所有歌曲,肖邦特别喜欢听这些歌。

友谊是相互的,也是热情的。其实所有人都喜欢佐斯卡,有内涵的露伊斯、伊莎贝拉,瘦弱的艾米莉娅,还有寄宿中学的学生。

家里洋溢着安宁的气氛。当然,小肖邦竭力不使这种安宁令人感到寂寞。他说笑或者戏谑总是为了逗人开心,从来没有恶意或者刺痛别人。教授的藤条很容易使那些想过分嬉闹的寄宿学校学生慑服。

只有一次,小肖邦的嬉闹差一点使自己下不了台。

那是尼古拉的命名日。来访的贵客是华沙教育界的精英、教授和学者,他们当中不少人已被载入波兰科学史的史册。他们是尼古拉先生的常客,但这一次他们的来访具有特别隆重的性质。

这次一反以往的规矩,让孩子们进了客厅。老年人边喝酒,边谈着正经事,而露伊斯、伊莎贝拉、艾米莉娅和肖邦在角落里轻声地笑着,喝着果汁。

穿着节日盛装的佐斯卡端着一块漂亮的、大得令人注目的蛋糕走了进来。她脸上的红晕使尤丝迪雅夫人感到有点奇怪,但她想,大概是姑娘面对贵客害羞的缘故吧!

蛋糕摆到了桌上。尼古拉请客人中德高望重的林德校长切第一刀。校长扶了扶眼镜,有些迟疑地笑了一笑,随后拿起刀来。

但他刚把刀尖碰了一下蛋糕,整个蛋糕竟然塌陷了。客厅里死一样的寂静,但停了片刻,靠墙的书橱门轻轻地打开了,所有在场的人都惊愕地把眼光投向那里。他们看见书橱的中间一层板架上放着一块漂亮的蛋糕。

忽然,响起了尼古拉先生严厉的声音:"弗里德里克!"

这时,人们才发现,在屋角里的孩子们憋不住地笑了起来。听到父亲的叫声,笑声立刻停止了。而弗里德里克慢吞吞地走上前来。

"走近一点!"尼古拉说。

肖邦脸色煞白,但还是走到了客厅中央。

"你给我们说清楚,这到底是怎么回事?"尼古拉气愤地说道。

肖邦抬起头来,说道:"书橱自动开门,是因为我拉了拴在门上的绳子。蛋糕塌下去,因为它是假的……因为它是佐斯卡做的糖皮,是我叫她做的,所以一下子就塌了,而真的蛋糕在那儿,在书橱里……"他轻声地终于把话说完了。

"我的天哪!你为什么要干这种事呢?"尤丝迪雅夫人用忧郁的

声调轻声责怪着。

肖邦说:"因为多梅克·捷瓦诺夫斯基总是说:'奇迹是没有的',而我想创造奇迹。"

大家闻言都笑了起来,勃罗津斯基教授拉着肖邦说道:"现在,作为对你的惩罚,你给我们弹一首曲子吧!"

肖邦立刻坐在钢琴旁,认真地弹了起来。并且,博得了众人热烈的掌声。

分手道别时,勃罗津斯基教授拥抱了尼古拉先生。

"奇迹归奇迹,"他说,"但你确实有一个出色的儿子。"

尼古拉把手放在被称赞得羞容满面的肖邦头上,眯缝着眼睛,感激地笑了。他微闭双眼,展望未来,似乎看见了金碧辉煌的音乐会大厅,看见弗里德里克在舞台上。他憧憬着这一天,自己的儿子会成为伟大的、世界闻名的弗里德里克·肖邦。

小肖邦和中年级学生同岁,但甚至高年级的学生对他的评价也很高,那些年纪最小的小家伙对他则简直佩服得五体投地。一年级或预备班的一些男孩子常常三三两两悄悄地跟在肖邦身后走,虔诚地睁大双眼,兴奋地抠着鼻子,但一旦感觉到肖邦瞧了自己一眼以后,便一溜烟地跑掉了。

小肖邦虽然是校外学生,但他学得很好,考得也很出色,这并不使任何人感到意外。那些坏学生倒可能会嫉妒他的长处,这就叫"蠢人忌恨聪明人,懒汉忌恨勤劳者"。

大家都知道,尽管尼古拉非常钟爱自己的儿子,但对他的要求却要比对寄宿中学的学生要求得更严厉。在考试前,他特地请自己的同事更严格地要求弗里德里克。

同学们敬仰小肖邦并不是因为他有什么过人之处。他个子瘦小、身材匀称、和蔼可亲,但显得有点弱不禁风。这样的人一般是不惹人喜欢的,但他却叫人十分喜欢。

小肖邦能想出使全校都哄然大笑的笑话,他能叫不知天高地厚的傻瓜暴露出自己的蠢笨,并给以恰如其分的讥笑和讽刺。有时,甚至高年级的学生也把他请来,让他模仿林德夫人或者茨冈人、小贩、裁缝等人的样子。

小肖邦具有出色的模仿人的演员天才。瘦小的、漂亮的小伙子,有时出其不意地梳梳头发,噘起嘴巴,皱起眉头,拉长了面孔。在捧腹大笑的观众面前,小肖邦要么变成了沿街奔走的补锅匠,或者是扭着屁股的商业经纪人;要么变成他当时要装扮的任何人。由于他有这样非凡的才能,而且不翘尾巴,又珍惜友谊,所以大家都喜欢他、器重他。

但这一切还不够,还不能说明最要紧的事情。最要紧的是小肖邦另外的才能是使整个华沙都闻名的才能,报刊上已经作过报道,《华沙信使报》甚至称寄宿中学11岁的学生为音乐天才。

自从肖邦进入华沙中学后,他就新交了一个好朋友,他的名字叫作蒂图斯。

这个小伙子肩宽腰圆,长得十分强壮。他是来自外省的,家庭也比较富裕,但却一点都不浮华。他的性格很好,而且乐善好施,因此大家都很喜欢他。他尤其喜爱运动,在学校的操场上也很受尊敬。

放学后,小肖邦和蒂图斯在华沙街上闲逛。他们碰上了一队俄国士兵,现在的华沙,经常会碰上俄国的士兵,华沙简直都成了俄国的一部分了。

小肖邦和蒂图斯都对他们极端厌恶,蒂图斯免不了朝他做厌恶的鬼脸。士兵们也不搭理他们,装作没有看见,继续赶路。

小肖邦咬牙切齿地说:"别着急,他们得意不了几天,总有一天，我们会把他们从华沙彻底赶出去，让他们到自己应该去的地方待着！"

小肖邦和蒂图斯分开的时候，天都几乎黑下来了。他三步并作两步来到了阁楼间。这间房是他父母给他安排的，从这里，他可以俯瞰到弯弯曲曲的维斯图拉河，还有河那边远方像是军队集合点名似的群山。

他走到钢琴边上，坐了下来，小声地唱了起来："自由的波兰……"

18世纪末至19世纪中期的波兰，是一个多灾多难的国家，这里也发生了许多可歌可泣的事件。

1772年、1793年和1795年，俄国、普鲁士、奥地利3个强国对弱小的波兰进行了3次瓜分。他们瓜分波兰的领土，奴役波兰的人民，还想扼杀波兰人民的民族意识，以使他们能长久地统治下去。

可是，正如一首波兰爱国歌曲所唱的那样："波兰不会灭亡！"波兰人民始终坚持着不屈不挠的爱国斗争。

19世纪上半叶，波兰进步的和民族的浪漫主义文艺，对这个斗争起了很大的促进作用。

当时，波兰涌现出一批爱国的思想家和文艺家。他们主张文艺要有鲜明的民族特性，要有热爱人民和自由的思想内容，要有丰富的情感色彩。这些思想对小肖邦和他的爸爸妈妈产生了深远的影响。

肖邦家经常聚集着一些知识分子。

如果说，肖邦的父亲尼古拉在大庭广众之下总是表现得很驯服和顺从，生怕自己会丢掉饭碗，那么，他在亲朋好友中间，则毫不掩饰自己反沙俄的观点。

尽管肖邦的父亲是一个法国移民，但他却是以波兰人的身份来说话和做事的。他设身处地地为波兰着想，他移居的国家很少有独立的时候，他因此也感染上了它的仇恨和痛苦。

当肖邦的父亲知道某个抵抗入侵的领袖，或是某个被认为是不尊重占领者的艺术家被残忍地杀害或无故地失踪之后，他总是禁不住怒火冲天。

小肖邦从小就经常听这些激烈的政治辩论。他还常听人们在拉上窗帘之后，在幽暗的灯光下低声朗诵的革命诗歌。每当他听到这些的时候，他也禁不住地跟着激动起来。

肖邦的父亲和朋友们认为，波兰只有靠欧洲其他强大国家的帮助，才能够得到自由和独立。他们热切地盼望着能够爆发一场大规模的民众运动，并且，他们希望能够寻求法国的支持。因为法国是一个尊重人权、热爱自由的民族。

如果波兰可以得到法国的帮助，那么波兰的革命便有极大的可能获得胜利。肖邦尽管还是个孩子，可是他相信父亲说的是对的。

萌发远大抱负

肖邦开始在华沙的音乐学院就读，他的老师是约瑟夫·埃尔斯纳。这位老师是他家的世交，被认为是波兰音乐的创始人。不过他所创作的都是传统音乐，他所教授的也是传统的教育。

埃尔斯纳和勃罗津斯基是肖邦家文化沙龙的核心人物。埃尔斯纳是波兰民族歌剧的创始人之一，也是华沙著名的音乐家和教育家。

1815年，埃尔斯纳创办了华沙音乐促进会，1821年创建了华沙音乐学院。

勃罗津斯基是个文学和美学方面的教授，他曾参加过拿破仑军队向俄国远征的运动，他还是个演说家、修辞学家、爱国诗人。尼古拉在一次家庭聚会时，把肖邦谱写的乐曲郑重地交给埃尔斯纳评阅，并诚恳地希望肖邦能够跟着他学习音乐。

埃尔斯纳曾多次看见过肖邦的演奏，他了解尼古拉的心情，他更了解肖邦的音乐天赋。埃尔斯纳热情地招呼肖邦坐在他的身边，然后认真地读着肖邦的乐谱手稿。

埃尔斯纳看得出，肖邦的这首波兰舞曲较偏重于外在的庄重与华丽。换言之，这首乐曲情调基本是乐观向上的，但乐曲的思想深度却是有限的。尽管如此,埃尔斯纳还是在心里感叹,这个少年的音乐天赋,真是不可小觑呀!

能够向埃尔斯纳老师学习,这是肖邦一生最大的荣幸。这位音乐名家的正确指导,对肖邦日后音乐的发展起了巨大的作用!

这期间,埃尔斯纳还把自己创作的许多宗教作品和器乐曲拿来让肖邦学习。

肖邦还拜读了埃尔斯纳创作的30多部歌剧。埃尔斯纳把他在艺术上许多新的观点都毫不保留地教授给肖邦,他教育肖邦说:"对于别的优秀艺术家的作品,只能学习和借鉴,绝不能模仿和套用!"

这让肖邦明白,好的艺术作品不是模仿产生的,而是作者内心的再创造!埃尔斯纳在肖邦学习遇到困难时,又鼓励肖邦说:"你的确是个可塑之才,但仍需要学习,再学习!"

埃尔斯纳的藏书很多,肖邦勤奋地钻研着这些前辈艺术大师们的书籍,这让他的音乐视野大大地开阔了。

有了这些阅读,再加上自己的努力,肖邦的创作灵感,时时刻刻都在脑海里萦绕。

自从茨弗尼走后,肖邦就一直没有再找别的老师学习,他一直是自学,摸索着进步。他找到了自己的方法,需要的时候,也翻出从前的方法加以革新。

在肖邦童年的时候,埃尔斯纳就密切关注着他的进步。在钢琴方面,肖邦没有什么可学的了,可是在作曲方面,这个学生还必须要从头学习赋格曲和对位法的技巧。

波兰实在太缺乏作曲家了。埃尔斯纳很希望可以把弗里德里克培养成一名大作曲家,因此,他让这个学生做大量的配器法作业,可是肖邦非常讨厌做这样的练习。

出于天性,肖邦不喜欢交响乐的喧闹和歌剧的浮华。他不肯丢下钢琴，他继续刻苦地练习着他的钢琴。

他会在钢琴键盘上模仿笛子、定音鼓、鸟鸣等声音，很是有趣。肖邦对歌曲也很入迷，尤其是喜欢给那些优美的、甜蜜的、有趣的意大利歌曲加上灵巧的、欢快的而又生动的和声。

歌剧院只要上演了新戏，肖邦从来都是不会放过的。他没有更多的钱去买昂贵的票，只好用一点点钱来买通门卫，待在看不到戏台全貌的楼道上，津津有味地欣赏莫扎特、贝利尼和罗西尼那些大师们的作品。

有时候，他很希望能看到歌手，便把身子用力往外探，有几次他都差一点从楼道上掉下去。冬天的时候楼道里冷得让人发抖，他便一边跑步一边听音乐。夏天的时候，一下雨，雨水便会从维护不好的屋顶飘落进来，一场音乐会听下来，他就会变成一只落汤鸡。可是这一切都没能阻止他听音乐会的决心。

埃尔斯纳也很快明白了，只能顺着他的意愿来教。他让学生写一章交响曲，学生交上来的却是几页精心创作的《玛祖卡》和《波洛涅兹》！他无法斥责自己的学生，因为他完全被学生丰富的想象力和饱满而又浪漫的激情迷住了。

有些老师怪他太宽容了，他回答说："让他随便吧！天分是不可以被束缚的，他走的是异常的路子，他的才华也是异常的才华。"

就这样，肖邦在埃尔斯纳的保护与教育下，其天才的音乐水平更得到了充分的发挥。有时候夜里，肖邦常常从睡梦中爬起，快速记录下脑海里瞬间跳跃的音符。在这个时期，他创作的乐曲里充满了温柔的情感和幽默感。

"波兰太缺乏有灵魂的作曲家了！"埃尔斯纳看着肖邦的作品，常常感慨地说。他多么希望肖邦能填补这个空白啊！

1825 年 5 月，肖邦接受邀请去华沙音乐学院大厅演奏管风琴，那天肖邦不但进行了即兴演奏，而且弹奏了莫舍勒斯的钢琴协奏曲。莫舍勒斯是当时非常受欢迎的作曲家，也是早期影响肖邦音乐的作曲家之一。

肖邦的演奏给观众留下了深刻印象，几天后，沙皇亚历山大一世和他的兄弟康斯坦丁大公爵就下令给肖邦，请他示范性演奏一种新的管风琴，并赐给他一只钻戒。这一年对肖邦来说是具有关键意义的一年。

就在他为沙皇演奏后数天，《华沙快报》向大众公布了肖邦那首献给林德夫人的《回旋曲》。这首作品得到了安东尼·雷兹威尔王子的热情赞扬，德国著名音乐杂志莱比锡《大众音乐杂志》也给予了高度赞赏。这一切足以让尼古拉明白自己的儿子有职业音乐家的内在潜能。尽管儿子有这样的音乐天赋，但是尼古拉仍然期待儿子在古典文学和数理方面有好的表现。

尼古拉向来有些自傲和抱负，他渴望自己的儿子能有一个灿烂美好的前程。尼古拉自己经历了漫长的生活旅程。他诞生在南兹，一个法国农民的整洁而又贫困的茅舍里。农民的凄惨生活使他远离法国。

尼古拉在波兰受到的接待也并不十分亲切，在那些年代过得也不容易。随后，开始了柯希丘什科起义的伟大日子。看起来，波兰是要走著名的法国革命的道路。自由、平等、博爱将成为欧洲人民政权的根基。但是法国革命被它的第一任执政官拿破仑·波拿巴所背叛，波兰则在沙俄和普鲁士军队的暴力之下陷于沦亡。

在这些年月里，尼古拉先生失去了对正义能在世界上普遍获胜的信心。他对人们掩盖了自己出身的真情。而当他第一次取得了家庭教师的职位后，就在庄园里住了10多年。正是在那里，他逐步地一年比一年更有了自信和学识，学会了高雅的举止，最后和一个十分贫穷但又十分值得相爱的姑娘结了婚。

拿破仑的攻势有如浪涛席卷欧洲，而在热拉佐瓦·沃拉，这个离华沙10多英里以外一座僻静的村子里，肖邦一家的生活却很安宁。尼古拉憎恨波拿巴，从未相信他会对波兰发善心。当滑铁卢的消息传来时，他不无苦笑地庆幸"大帝"的厄运。

那时他已经是寄宿中学和戏剧学校的教师、著名的教育家了。他结识了最杰出的学者和名流。并且家中有3个女儿和一个儿子需要他抚养，还需要给女儿准备嫁妆，他想到的只是能使她们幸福地、体面地嫁出去了事。

除此之外，便没有更多的考虑。而儿子，自己的独生子，是一切宏伟计划的目标，是对未来憧憬的基础。

尼古拉从贫困的农家茅舍到克拉辛斯基宫的厢房，到华沙的寄宿中学，到获得令人敬重的教育家的职位。这在19世纪初叶差不多是不可逾越的社会空间。在那些年代里，在意大利、法国、波兰或俄国，农民是不被当作人看待的，他们只是些会说话的、卖力气的牲畜。

为了不失掉已经取得的一切，尼古拉不能承认自己的出身。要知道，他得到了确实是显要的地位，为此，他打心底里觉得自豪。

看着自己的儿子，尼古拉想让肖邦能在自己人生的道路上走得和父亲一样远，像父亲一样远远地超越自己的前辈。

当肖邦还在地板上爬来爬去牙牙学语时，谁也不晓得这个小孩将来会成为怎样的一个人。尼古拉幻想着自己的儿子能有总统、部长这样高的地位。

同样，尤丝迪雅夫人在最亲近的人面前，也在心灵深处埋藏着对肖邦前程的向往。愿他做军人、将军，或者上校也行。然而，结果是，肖邦的未来选择的却是音乐。起初，尼古拉先生对儿子身上显露出来的这种天赋深感不满。

在波兰，仅仅在华沙的音乐家就不胜枚举。他们10个人当中只有一两个人的礼服大衣的袖子和裤子膝头是不带补丁的。甚至音乐学院的著名作曲家和教授们，他们的时运也并不十分令人羡慕。

那些音乐家的杰出代表不过是尼古拉的朋友，尼古拉所向往的是要儿子沿着仕途或非仕途的、通向名利地位的陡峭的梯子攀得更高，远远高出前辈。

以后，他不得不服从"命运的安排"。首先，弗里德里克不愿干其他的事，对任何其他事情都没有热情。当他长成10岁的小伙子时，这种爱好就明显地形成了。除此之外，儿子在自己童年时代所取得的成就使教授惊诧不已，最终打消了他对儿子音乐前途的怀疑。

小肖邦被评论家甚至被最严厉的行家认为是未来的明星。因此可以设想，他在发展自己的才能、增长知识和经验的基础上，一定会进入世界音乐上流社会的圈子。尼古拉在作出最终的决定以前还收集了详细的情报，向懂行的人打听了欧洲音乐明星的地位和收入。他了解到自己要知道的一切以后便作出了决定：同意弗里德里克去当音乐家。

1825年，肖邦创作的音乐作品《g小调回旋曲》发表了，这首作品又一次引起了华沙音乐界的轰动！

《华沙信使报》又一次大篇幅介绍了肖邦，并且说，这是肖邦作品的第一号。标志着肖邦的作品已正式被社会认可了！

在为这首乐曲举行的发布会上，肖邦激动地说："这首乐曲，是我送给华沙中学校园里的女舍管理员林德夫人的礼物！"

林德夫人接到这个特殊的礼物后，更是激动得热泪盈眶！

当然，在肖邦音乐发展的道路上每一点成绩，都凝聚着埃尔斯纳的功绩。多年后，肖邦在自己的回忆录中写道：

如果当时没有埃尔斯纳的教导，就不会有现在的我。

他是个天才的音乐老师，就算是傻子跟他学弹琴，也会毫不费力地学会所有的技巧的。

他真是太棒了。

体验乡村生活

在华沙,不管是春天、秋天还是夏天,每逢天气晴朗的星期日,肖邦一家都去郊游。有时父亲租一辆马车,全家人乘车到离市区几英里远的郊外换换空气。父亲在林子前点起篝火,孩子们唱着歌。但这并不是真正的农村。城市依旧近在咫尺。有时,不等天黑,他们就回城了。

郊游给肖邦留下了美好的回忆,然而郊游还是太贫乏,不能令人感到满足。

除此之外,肖邦只能从华沙国家剧院了解农村的情况。两年前他曾听过一个歌剧,题目很好听,叫《克拉科夫人和山里人》。他也记得其他一些剧目,如《雅克西亚的命运》《祸中之福》《多瑙河畔的马尔齐诺娃》《卓西卡,农村里的调情》等。

去剧院是难得的,通常是在盛大的节日里。他们总是在晚间去剧院,这时城里闪烁着万家灯火,穿着讲究的人们在苗多瓦大街散步。春天,花园里荡漾着吉他的琴声。

肖邦一家坐出租马车来到剧院,然后进观众席就座。大厅里灯火辉煌,布置得十分华丽,下垂的幕布轻轻地波动着。

每次，肖邦总是心"怦怦"直跳地等待着那美好的一刻。当大厅里的灯光渐渐暗淡下来，幕布徐徐拉开时，他双目紧闭，直至听见演员开始讲话后才睁开眼睛。

肖邦总是设法坐得离妹妹伊莎贝拉远一些。每次带她上剧院看戏，她总是问东问西地打扰大家：这是什么？这是谁？干吗这样……接着，她便开始打哈欠；第二场才演了一半，她就睡着了。

露伊斯和肖邦一样，也是一声不响，怀着一颗扑扑直跳的心瞅着舞台上明亮的灯光、演员色彩绚丽的服装和动人心弦的演技。

但是，国家剧院那些令人渴望、动人心弦的演出往往给人留下一种不可名状的、使人失望的滋味。因为，小小的舞台令人压抑地布置了整个城市、大森林或者河流。布景画得很糟，这还无关紧要，最令人生气的是著名演员在首都舞台上演出的故事情节。

演出翻来覆去的是一些不幸的农村孤儿受到后母虐待的故事。可怜的卓西亚或者亚古西亚诉说自己悲惨的命运时，唱的却是意大利曲调的欢快的歌。因挨饿而流泪时，却以红润的脸色吸引观众；诉说自己的贫困时，却亮出五光十色的蝴蝶结和裙子。

看演出时，肖邦总是屏息静气、深受感动。舞台上的一切都使他发生兴趣，甚至演员红鼻子和肥大的肚子也会使他发笑。但是回家以后则对毫无批判力的露伊斯说他所不喜欢的地方。

肖邦指出，首先是音乐，随后是艺术、布景和演员，最后又是音乐，说音乐不好听。为什么呢？因为曲调经常重复，那些作曲家什么新东西也不会写。另外，这也算是农村吗？

"农村是什么样子，你能知道个啥！"露伊斯固执地说。

斗嘴一般是以求助于母亲的权威而结束。

尤丝迪雅夫人用蜜饯来调解两个吵架的孩子，当他们吵得厉害时，她就提醒他们做功课。这时肖邦就溜进了厨房。

"佐斯卡,我是对的。"

佐斯卡总是认为肖邦是对的。肖邦舒舒服服地坐下,一边吃佐斯卡递给他的美味,一边问:"农村到底是什么样子呢?"

佐斯卡开始讲起农村。原来农村和华沙国家剧院舞台上的完全不一样。

1824年暑假前夕,肖邦接到了他父母的恩主伯爵夫人的邀请信,信中说:

> 我和我的孩子们,诚恳地希望能和你,这位天才的钢琴家,再共同度过一个愉快的暑假!

肖邦去征求母亲的意见,他母亲说:"也好,这里的医生也常常说,华沙城里的空气污染很严重,这对你的咳嗽病非常不利,那你就去吧,不过,我还是很担心你的身体,那边不像城里,早晚温差大,别忘了多加件衣服!"

而且,肖邦的父母还同意肖邦和姐妹四人一同前往,他们已经不像父母亲那样,把伯爵夫人看作是恩主了。在他们眼里,伯爵夫人是他们家唯一的亲人!

4个孩子一路上又说又笑,他们推举姐姐露伊斯当"旅游团"的团长。随后,大家一致同意,一切行动都要听从团长的指挥。

从华沙去沙法尔尼亚的捷瓦诺夫斯基庄园,可算得上是一次远征了。

7月的天气炎热灼人,接着,在半路上他们遇到了雷阵雨。雨后,从深蓝色的天边不时还传来一阵隆隆的雷声。

他们坐车经过成熟的庄稼地,向着绚丽的彩虹驶去,空气清新,如同水晶一般。他们路经的肮脏小镇和村子是贫困的化身。只是在道路两侧白杨树或银杏树后面时而闪现出地主庄园的白墙。

到了庄园后，大家兴奋不已。现在，在他们眼里，已经不是几年前他们看到的庄园和乡村了，因为它们都变样了。但显而易见，农村，真正的农村不仅和国家剧院演出的完全不同，而且要比它们的总和漂亮100倍。现在看到玛佐夫舍大地的美景，佐斯卡贫乏的语言连它的1%也描写不出来。

在剧院的布景中，天空是静止的、死板的，因为，它是画出来的，并且是很糟糕地画在画布上。而这儿真是千姿百态，色彩瑰丽！可以几小时地凝望着遥远的天边聚集起来的云彩。在华沙上空也飘浮过相同的云彩，西下的夕阳把它们装点得并不比这里逊色。

但是，这里看到的天空一望无垠，大得连华沙的天空也无法相比。没有城市建筑物的阻挡，没有市场的嘈杂声来打扰它的静穆，在遥远的地平线上形成一个大圆顶。

黄昏时分，当天地之间的界线逐渐模糊时，整个世界好像是一个巨大的空心球，四周充满了栖息其间的鸟雀轻轻的"叽喳"鸣叫。

肖邦沉浸在默默的赞叹中。茫茫如海的、成熟的庄稼地，鸟儿的歌声，远处视野中白杨树形成的绿色岛屿，昆虫的音乐晚会，这一切都使他惊讶不已。

为了能独自欣赏前所未见的奇观，头两天他甚至躲着庄园的小主人多梅克。以后，由于多梅克的坚决要求，他们两人开始一起在整个庄园的所有地方，包括从地下室到顶阁嬉闹起来。

在一间储藏室里，他们发现了一些装书籍和衣服的旧箱子，但已被老鼠咬得面目全非。他们还观看了打谷场和牲口栏。最后，不知是第三天还是第四天，在马厩旁，多梅克在空空的牲口槽里发现了一个正在酣睡的孩子。突然，肖邦觉得眼前的朋友完全变了样。

当时显得安安静静甚至是有点腼腆的多梅克猛地气得脸色通红，

他抄起一根皮带就抽打熟睡的孩子。男孩立刻惊骇地尖叫一声,醒了过来。他身穿粗布衬衣,个子瘦小,身上满是疥疮,邋里邋遢。当男孩看清了是谁打他以后,立刻一语不发地溜走了。

肖邦感到很惊愕,疑惑地问道:"你干吗要打他?"

多梅克耸了耸肩,说道:"对这号人就得这样。"他看见肖邦的脸色苍白,便和气地补充说:"你为什么一下子就动感情了呢?"

这一天,小伙子们和多梅克的姐姐露德维卡·捷瓦诺夫斯基小姐一起吃午饭,她是一位相貌标致、身段丰满、性格开朗的女孩。肖邦以为如果她知道早上发生的事情,准会狠狠地训斥多梅克的。

但是,露德维卡小姐只是笑了笑。问多梅克:"是什么人啊?"

"不知是哪个马夫的小子。"多梅克一面解释,一面咀嚼着自己的牛肉粥,"可能是西维库夫。"

"你瞧!"露德维卡小姐语气温和地对弗里德里克说,"对待他们就得这样。他不去打扫马厩,却像皇上一样地睡觉。不打的话,你让他做事,他是什么也不会给你干的。这个你还不懂,弗里德里克,你还不了解这号人。"

肖邦低着头吃饭,一声不吭。他不懂,也不想弄懂这些。午饭后他立即坐到沙龙里"吱嘎"作响的旧钢琴前面,一直弹到傍晚。

黄昏时分,经过多梅克多次解释和道歉,他才稍微消了一点气。他和多梅克一起去池塘边钓鱼,但他们一条鱼也没有钓上来。

几天过后,肖邦和多梅克的友情又恢复了。尽管如此,每天有大部分时间他们都不在一起。多梅克去忙庄园的事务了。他骑着马和管家一起去监收土豆或者巡视牧场,到处转悠,摆出一副庄园主的派头。

肖邦不想和他一起去。他对庄园的事丝毫不感兴趣。只是在下午和傍晚他们一起在池塘边钓鱼。

肖邦十分喜欢独自度过清晨。对此，他很感谢多梅克。他独自一人，就可以慢慢地、仔细地探寻农村所有的美姿，可以更近一点地观察、体验和认识它。

1824年夏天，天气特别好。每天早晨，天空清澈晶莹。一般快到傍晚才浮现出一抹云彩。当云彩向西飘去时，落日的红光把它们染成一个个紫红色的火球。

在庄园里，天一亮，人们就都起床了。多梅克穿上裤子、衬衣后就没了踪影。而肖邦则养成了不同的习惯。他直接从窗口跳到花园里去，迅速跑过园中的小道，穿过灌木篱栅，来到花园和大田之间田埂上的白杨树底下席地而坐。

这时，太阳还低悬着没有露面。田野里，露珠晶莹闪亮，空气中充满了浓郁、美妙、静谧的气息，它从日出前一小时一直延续到温暖的阳光把昆虫、鸟雀、牲畜和人们唤醒。

从田园那边开始传来杂沓的蹄声，这是人们在把牲口赶到牧场上去。肖邦站在高高的田埂上眺望。远处，在两块庄稼地之间的一条小路上慢腾腾地移动着半醒的牲口群。由于庄稼和牲口遮住了视线，他看不见牧人，但从清新的、在阳光中微微颤动的空气中清晰地传来了他们的歌声。这是沙哑的童声，近乎大声喊叫的歌唱，差不多每天都重复着同样的调子。

尽管如此，肖邦还是始终聚精会神地侧耳细听。这歌声表面上显得粗俗难听、单调贫乏，但其中却包含着还没有被认识的、有价值的、新奇的、不同于所有他知道和听到过的东西。

在演奏或者欣赏最出名的大师海顿、莫扎特或杰出的巴赫的音乐时，肖邦感受到了如此动人的尽善尽美，学到了鸿篇巨作的创作规律。他们的音乐，犹如陌生的、遥远的国家，他曾以惊奇和赞叹之情在这些国家里漫游。

13岁的孩子能写出不亚于音乐学院教授的曲子。对此，整个上流社会的、高雅的华沙都为之轰动。当然，获得荣誉是令人喜悦的。此时他已誉满首都。当他在大街上行走时，路人都会互相低语。而父亲则激励他对荣誉和名望的渴求。

可是当肖邦一个人独处时，他感觉用那些巨著的标准来衡量他写的东西，就必须忘掉自豪和喜悦。虽然，这些作品可能是和谐的、效果不错的，但其中没有任何新东西，没有任何能配得上大师们千古绝唱的东西。

如今，在这偏僻的沙法尔尼亚，肖邦突然听到了表面上看来粗糙、朴素、单调而实际上却是闪闪发亮的新颖而亲切的歌曲。倾听着这些歌，他紧张和激动得身子微微颤抖。

每天，太阳一出，肖邦就跑到田野边的白杨树下，用心地倾听那些歌曲。从中学到了它们那奇异的美妙之处，记住了它们所表达的内在感情。随后，他便走进大田，走进牧场。虽然伯爵一家请他不要走近农民，不要和他们攀谈，但总不能禁止他偷听一下他们的歌唱吧！

有一天，肖邦想走近一点仔细看看那些替庄园放牧的歌手。他选好了一个地方，不再像往常一样在白杨树下干等，而是沿着田埂向土路走去。他身体有些颤抖，一半是由于冷——露水已经打湿了他的皮鞋；一半是因为好奇。

他终于跑到了目的地，并在庄稼地里藏了起来。片刻以后，他听见渐渐走近的牛群发出叫声，又停了一会儿，不知是哪个牧童扯开了孩子的嗓门唱起"哼哼唧唧"的调子。

当他从肖邦身边走过时，肖邦面带友好的微笑站了起来。然而，笑容马上从他的嘴角边消失了。这位素不相识的歌手正是两星期前在马厩里挨过多梅克打的那个男孩。当男孩子看到出其不意地站在前面挡道的肖邦时,便用手遮护着身子开始逃跑。

肖邦急忙喊道:"别跑!别跑!"

肖邦边叫边追赶着,最后他看到了一个上了年纪、满脸都是皱纹和麻子的老人。他用苍白的眼睛瞥了肖邦一眼并深深地鞠了一躬,当看到肖邦想说些什么时,便在他身旁站住了脚。

肖邦有点胆怯地问:"我可以和您一起走走吗?"

老头儿友好地笑了笑,说:"只要您愿意,少爷。"

过了一会儿,他们并排走在覆盖着一层厚厚浮土的小路上,认真地谈着农村的民歌和舞蹈。片刻之后,老人唱起了肖邦从来不曾听过的曲子。要知道,这位老人就是"音乐家"马太乌什。

中午,吹来一阵阵热风。昆虫嗡嗡地乱飞乱撞,空气炎热灼人。一团团的乌云从天边滚滚聚拢而来,暴风雨要来临了,得赶紧回家。他们像朋友一样分手道别,马太乌什答应肖邦一定带他去看洗礼仪式和婚礼。

连续几天下雨,肖邦一直都是在钢琴旁边度过的。

多梅克从一个角落到另一个角落踱来踱去,显得烦躁和恼恨。而肖邦或者和露德维卡小姐一起练习4手联弹,或者当沙龙里只剩他一人时便试图作曲。

3天之后,雨过天晴。庄园里开始了紧张的秋收。

从早到晚,肖邦和多梅克两人常常是气喘吁吁、满身泥污,在打谷场周围游逛,一辆辆装载得像小山一样高的大车驶进打谷场。他俩一会儿看人家垛麦垛,一会儿随车到田里去运送晒干的麦堆。

多梅克有些心神不定,他时而想摆出一副庄园主的架势,用粗厚的嗓音训斥农民和马车夫,时而又什么都忘光,从麦垛上跳到装得高高的马车上,大声嚷嚷,笑得上气不接下气。

一天晚饭后,多梅克从碗柜里偷出一些蜂蜜甜酒,两杯下肚后有些醉意蒙眬，脑袋刚一沾枕头，便像个成人那样大声鼾睡起来。但肖邦却不能入睡，这不仅是因为有月光的干扰。肖邦看看多梅克确实已经睡熟，便穿上衣服，打开窗户，跳进了花园，他向花园的池塘走去。

池水闪烁着红铜色的光泽，池塘对面，在两棵百年老橡树底下，农民们点起了篝火。要知道，这是庄园主在收获节请客。有蜂蜜甜酒、熟肉和烧酒。篝火旁站着乐师们，其中有"音乐家"马太乌什。他们的舞跳完一个又一个，每隔一会儿就有人从舞圈中跳出来伴唱，雇农们使劲地打着口哨。

肖邦坐在靠近庄园墙边的木凳上悄悄地细听。他一直听着音乐和歌声，直至东方的天空由鱼肚白变成天蓝色。塘边的篝火已经熄灭，音乐也随之消逝。他又冷又困，颤抖着回到床上睡觉。夜色已经躲到屋角去，花园里一个女人还在唱歌，叹息自己命苦和表达对心上人的思念。

在华沙，肖邦不知多少次听到对孔雀羽毛、农村民歌和粗呢外衣的赞叹！姑娘们身穿天蓝色或粉红色的裙子，唱着歌颂牧民生活的充满深情的叙事诗，国家剧院演出了描写农民命运的戏，人人都说，农村真是美极了。

大家对用民间歌曲来丰富音乐也议论纷纷，农村变得风行一时。但农村是什么样的呢？直至现在肖邦才懂得，在这种时兴中隐藏着多少虚假和谎言。和现在认识的现实相比，以前看到的还有多少是真实可信的呢？

戏中没有农民的真实生活，音乐中也没有任何一点自然美的影子。而现在，这种美由收割庄稼的人们、婚礼乐队的乐手和正在放牧的牧人把他教会了。

在这儿的农村中，肖邦看到了真正的艺术。马太乌什常常带他去参加婚礼、洗礼和娱乐。他向马太乌什、雷尔科娃，向饲马员的妻子女歌手卡西卡学习，也向另外10多个天生的艺术家学习。

他清楚地懂得了，至今，人民的真理，他们的生活和艺术的真理被歪曲得面目全非。他知道，他将竭尽全力抵御谎言的浪涛，使自己的音乐作品尽可能地接近真正人民的艺术。

在农庄里，肖邦他们姐弟四人聚在一起，研究如何让这个假期过得更有意义，如何安排时间才能更合理，如何才能把这里美丽的风光带回城里，让更多的人能欣赏到这田园风光的美丽呢？

姐姐露伊斯说，我要用诗来描绘这里的山。大妹伊莎贝拉说，我将用散文来抒发我的情感。小妹艾米莉娅说，我要用日记记下每一天的活动。

肖邦说："我要写很多曲子来记录我的心情。"

当4个孩子说出自己的心愿后，露伊斯灵机一动，说："那么，咱们何不自创一份报纸呢！咱们就把这次度假的生活，编在一张报纸上，你们说怎么样？"

大家一致同意。于是，肖邦他们又商量着给报纸命名为《查法尔尼信使报》。接下来，肖邦他们和伯爵家的孩子，都成了《查法尔尼信使报》驻热拉佐瓦的特派记者，他们及时向报刊发送报道他们接触到的乡村轶事。

露伊斯轻松自如地写起了剧本和小说，伊莎贝拉写出了酸溜溜的散文，艾米莉娅在日记里写道：

> 在伯爵夫人庄园长长的回廊上，挂着沃德金斯基家族祖先的肖像，一看见这些挂像，马上就会让人想到，这个家族曾经拥有过的辉煌！

可现在的庄园主伯爵,我却不曾看见过,听说他现在正在国外出公差呢!

肖邦则在报纸上开辟了《音乐采风》专栏,连续报道他接触到的乡村音乐。肖邦还是这份报纸的美术编辑,他将高山与河流画进了他的山水画。他还用音乐的音符,把乡村动物的叫声刻画得惟妙惟肖。

这天晚上,肖邦他们创办的《查法尔尼信使报》终于问世了,他们闻着墨香,欣赏着自己的作品,个个都手舞足蹈。

肖邦兴奋地说:"我要把这份创刊号寄回华沙,让爸爸、妈妈和我的老师都能马上看到它!"

就这样,当满载着4个孩子创作成果的信邮送到家里的时候,尼古拉夫妇高兴极了。随后,他们的父母又将创刊号转到了茨弗尼老师手里。

当茨弗尼老师读到这份报纸的时候,一向风趣幽默的他,欣然提笔,为报纸的创刊写了贺词。

贺词写好以后,茨弗尼还觉得不过瘾,他觉得自己言未尽兴,便在贺词的后面又加上了一首打油诗。

这次在乡下,肖邦还学会了骑马,他常常佩戴着一支猎枪,策马前行,独自一人徘徊在一望无垠的草地上。

肖邦还喜欢在广阔的田地里独自漫步,观看日出与日落、倾听远处传来的农民的歌声和教堂里的风琴声。

肖邦骑马来到了更远更陌生的地方,他在波罗的海海岸留下了他的足迹。当肖邦来到伟大的天文学家哥白尼的故乡托伦时,他惊奇地发现,托伦城里的市政厅是波兰最好的哥特式建筑。

这个市政厅建筑,一共有12个大厅,30个窗户,54间房屋。

不言而喻，这几个数字和一年当中的月份数、一个月的天数、一年当中的星期数恰巧是相吻合的。

回到伯爵夫人的庄园后，肖邦把他旅行看到的新鲜事物和新奇想法，都及时发表在他们的《查法尔尼信使报》上，他把他的日记命名为"未来的序曲"和"思想的序曲"。

有一天，肖邦旅行回来后，就钻进自己的房间里，开始整理旅行见闻和民间乐曲。

伯爵夫人最小的女儿玛丽娅，是一个聪明伶俐的小姑娘。她很喜欢听肖邦弹琴，于是她轻轻叩响肖邦居住的那间窗子，说："大哥哥，你能再给我弹一首曲子吗？"

肖邦同意了。他不顾旅途疲劳，即兴弹奏了一曲。没想到也把伯爵夫人的全家人都吸引了过来。几个小女孩儿还伴着乐曲高兴地跳了起来。

肖邦的疲劳顿时一扫而空。他继续即兴给屋子里的人弹奏，他在钢琴上摹仿出各种鸟叫的声音，他一边弹琴，嘴里还一边拿腔作调地说着脑子里许多奇思妙想。

在这次度假的日子里，肖邦不仅学到纯正的民间音乐，他还第一次来到了当时已被普鲁士占领的原属于波兰的领土。

肖邦看见，在本应该属于波兰的土地上，居住着许多的德国佬，这些激起了他强烈的民族自尊心。回到庄园后，他以嘲讽的口气，向大家诉说着他的所见所闻。

1825年8月26日，在肖邦他们四兄妹离开庄园前的晚上，又遇上了这里一年一度的丰收节。

农人们都知道伯爵家里来了一位天才的音乐家，大家都从四面八方赶来聚会。他们之中，有手臂上抱着几束金黄麦穗的妇女，有头上戴着五色花环的少女，有穿着彩色服装的男人们，大家唱着古老的旦佐亚丰收的乐曲，拉着琴涌进了伯爵夫人的庄园。

辛苦劳动了一年的农人，伴着欢快的旋律翩翩起舞。庄园的大院子里立刻成了歌舞的海洋。

后来，肖邦将这些民间的波兰舞曲加以创新，写成了许多的作品。从保存至今的4期《查法尔尼信使报》上，我们还可以清楚地看见，他们用波兰语编写的剧本，用法语写的诗，以及肖邦的音乐作品等。

从肖邦创作的第一首《玛祖卡》舞曲来看，他参加过的乡村的舞会和婚礼，倾听过的农民的歌唱，对他日后的思想和创作都有深远的影响。

这段乡村生活，给肖邦一生都留下了不可磨灭的印象。后来，他远离祖国，在孤寂的日子里，还常常勾起对这段美好乡村生活的回忆。

注重全面发展

　　肖邦度假回到华沙以后,他的爸爸妈妈看见肖邦晒黑了,身体也变得结实了,嘴唇上面露出了微微发黑的胡须。他们说:"没有想到,一个多月的乡村生活,能给你的身体带来这么大的变化。"

　　随后,肖邦把他在庄园里创作的乐曲交给埃尔斯纳老师审阅。在他的这些乐曲里,蕴含着新的素材和新的表达方式。

　　埃尔斯纳认真地看着肖邦的作品,他仿佛也亲临了那个欢乐的丰收节晚会。在这个晚会上,肖邦用低五度的粗犷和尖锐的高音相互对比,用音乐诉说着这个古老的习俗。

　　埃尔斯纳还从肖邦的作品里,品味到了新的异国情调。乐曲里面浸透着辛酸与忧愁,与乐章里面欢快的旋律形成了鲜明的对比。

　　尽管这些作品显得很稚嫩,但埃尔斯纳老师还是给了肖邦许多鼓励。很快,高中生活到了最后一年,肖邦开始专注于其他科目的学习了,因为父亲希望他可以在古典文学以及数理方面有好的成绩。

　　开学后,肖邦开始跟着埃尔斯纳学创作与波兰舞曲、圆舞曲不同的《玛祖卡》舞曲。《玛祖卡》的旋律明显地显现特有的舞蹈节奏,这种舞蹈的步法非常丰富,特别是男子跳得激动时,常常用脚变换出各种花样，非常精彩！

千篇一律的练习弹奏，已经满足不了肖邦对音乐的强烈渴求，他脑海里即兴演奏的灵感，时时激起他强烈的创作欲望，他终于创作出了充满自由魅力的《玛祖卡》舞曲。

肖邦又用自己在乡间亲耳听到的犹太人的音乐音调与和声，创作了富有特色的乐曲《小犹太》，作品纯朴生动，前奏和尾奏用了平行的空音，模仿出民间器乐的演奏，使旋律活跃，具有欢乐的舞蹈性质。

后来，在肖邦的全部作品中，《玛祖卡》舞曲占了很大的比重。《玛祖卡》是肖邦创作民族民间风格音乐的试验田。在肖邦的作品中，《玛祖卡》不但数量最多，而且内容也是最丰富、最富有独创性的。

几年后，在华沙国家剧院举行的音乐会上，肖邦弹奏得最多的，便是他创作的《玛祖卡》。当时，听众为他的那些好听的民族和声、为他民族化的节奏、为他娴熟的演奏技巧所倾倒。

正如《波兰快报》发表的音乐评论所说的那样：

> 肖邦熟悉波兰的山川和河流，熟悉波兰乡村民歌。他把乡间的曲调用他精湛的技巧，完美结合在他的作品里。
>
> 他创作了波兰人自己的《玛祖卡》。

1825年10月29日，华沙首次上演了著名意大利作曲家罗西尼的代表作《塞维勒的理发师》。

肖邦看过这出歌剧后，觉得很有节奏感，便抑扬顿挫地朗诵起里面的台词。从此他喜爱看歌剧了，歌剧院只要上演新戏，肖邦就场场不落，他把自己的零用钱都省下来买了戏票。

在那个年代，欧洲音乐界把歌剧看作是音乐的最高形式，作曲家尼采第、梅雨、韦伯等音乐名人作品上演的日子，都会成为华沙的音乐迷们盛大的节日！

这一学期，肖邦又交了一个新朋友雷姆别林斯基。他经常和肖邦一同去看歌剧。当时，雷姆别林斯基已是个小有名气的音乐家了。他虽然比肖邦年长几岁，但和肖邦有着共同的音乐志向，他们之间有着说不完的话。

一天，他们一同从剧院里出来，走在华沙的大街上，肖邦对雷姆别林斯基说："我发现你弹琴时，左手和右手一样有力，你能告诉我你是怎样练习左手的吗？"

雷姆别林斯基说："这太简单啦！用你的左手，做你右手能做的事情！"

听完雷姆别林斯基的话，肖邦如梦初醒。从此以后，他吃饭、穿衣、写字，一切都用左手来做，终于有一天，他把自己的左手锻炼得和右手一样的灵巧了。"三人行，必有我师焉。"

早在1825年以前，时局就已经动荡了起来。

街上走过一列列押送囚犯的队伍，但是这些囚徒不是一般的犯人。在欧洲城堡的监狱里已有成千上万的人死去，然而他们不是常见的罪犯。

不仅在华沙，而且在巴黎、在莫斯科、在维也纳和柏林都悄悄地流传着有关密谋集团、有关暗杀暴君、反对国王和皇帝暴力的消息。

中学里一些高年级学生已经知道了不少这类事情。正是这一年的秋天，他们当中一个名叫阿达姆·维耶日依斯基的，直接从课堂上被带走了，人们从此再也没有见到过他。闹哄哄的课堂和走廊里一连几天死一样地寂静。那位被抓走的同学的几个朋友穿着丧服来了,而他的一位最亲近的朋友突然出走了。

那天,当维耶日依斯基被抓走时,蒂图斯马上跑去找肖邦。肖邦正在弹奏克莱门蒂的练习曲,他不久前才刚得到这些练习曲的乐谱。现在他正为解决演奏上的难题努力克服不听从使唤的小拇指所造成的阻力。

蒂图斯一进门就开了腔,但又立即收住了话头。肖邦一边点着头,一边不停地在说:"是的,是的。"但是看得出来,他没有听,也没听见。

当朋友使劲把他的手从琴键上拽下来,又向他重复一遍之后,肖邦才理解到这个坏消息的含义。

蒂图斯匆匆地对肖邦说:"有人说,维耶日依斯基参加了一个名叫乌卡辛斯基组织的密谋集团。他们将受到严厉的审讯和判决,因为他们反对君主政权。"

"他们想反对亚历山大吗?"肖邦轻声地问。

"大概是的。"蒂图斯显得有些惊慌。

两个小伙子面面相觑,一声不吭,好像在他们头上笼罩了一大片乌云的阴影,似乎是一场暴风雨即将来临。

蒂图斯必须马上回去上课,因此留下肖邦独自一人。他又开始弹奏克莱门蒂的练习曲,但他觉得,此时此刻,音乐还不是什么不值得关心的东西。

一个音乐主题、一个充满威严和力量的谐音,犹如战斗的呐喊,在他的脑际一掠而过。肖邦试图在琴键中找到它。他想弹奏、谱写出这样的作品,它能称得上对英雄们的悼念,它要像诗、像叙事诗、像凯歌,同时又像哀乐。

他甚至没有听到尼古拉提着灯走进已是昏暗的房间,还叫了他一声"弗里德里克"。

直至叫第二遍时,肖邦才从凳子上站起身来:"爸爸,我听着哪!"

尼古拉脸色阴沉,心事重重。他没有注意到窗户开着。

"你快去准备明天的功课吧!今天音乐已经够了。"

肖邦顺从地站起身来,但在门槛上站住了。他回过头,怯生生地问:"宪兵没有再抓走其他人吗?"

尼古拉严肃地告诉肖邦:"可不要说,也不要去想这个问题。不管在家里,还是在外面,我永远不准你再谈这些不幸的事,懂吗?"

肖邦的目光垂了下来,他轻声地掩上房门。但父亲的声音把他又叫了回来。尼古拉手里一直还提着灯,灯光从下面照到脸上,他的脸色显得憔悴、衰老。

他温和地告诉肖邦:"别去想这些。这一切是徒劳的,不值得,真的不值得。要知道,我自己曾经经历过的。但今天我断定,所有这些战斗和斗争都是徒劳的。别去想这些吧!"

柯希丘什科起义的日子,如同昨天刚过去一样,让尼古拉对此仍然记忆犹新。那是法国人民把自己君主的皇冠连同脑袋一起搬了家的时代。因为几百年来千百万人的贫困、饥饿和痛苦,曾使路易十六皇帝的路德维克·卡佩公民站到了人民法庭的被告席上。

那时人们以为,似乎可惜的政权所造成的罪恶将一去不复返,欧洲人民的历史将由欧洲人民自己来谱写。华沙从巴黎的街垒中得到了启示。法国籍的、赤诚的波兰人尼古拉在华沙的街垒中曾经作为柯希丘什科的战士战斗过。

然而,法国革命失败了。华沙的街垒也沦陷了。革命失败后20年,即弗里德里克·肖邦出世5年后,欧洲的君主们云集在奥地利首都漂亮的维也纳城,开会讨论如何整顿隐藏着对革命的回忆的危机,并遭到了它的执政官和背叛者拿破仑的战争浩劫的欧洲。

会议建议划分新的国界,与会者跳了欧洲上流社会最时髦的华尔兹舞。开会期间缔结了闻名的"神圣同盟"。

一方面,政府报刊的无耻文人、君王统治机关的忠实臣僚们,对君主的有关政令和法律大肆赞美和颂扬。另一方面,"神圣同盟"时期是以君主的秘密警察的活动而著称的。

"君权受于天命。""神圣同盟"创立者们的政令和法律这样宣称。因此对君权必须给以最高的崇敬和绝对的服从。

但是,君王真正的基础是建立在社会不平等和最低层人民的饥饿、贫困、受压迫和受剥削之上的。皇帝和国王们深深懂得,不平等的权利靠盖上大印的一张纸、靠政令和法律都是保不住的,因此,宪兵成了这些权利的主要捍卫者。

在欧洲各国的首都建立了秘密警察厅。一有风吹草动,或出现任何反抗暴君的意图,它的密探和特务们就要跟踪侦探。绞刑架、枪弹和镣铐成了君王和他们的宪兵奴才们的武器。在监狱和城堡的牢房里,在他们的庭院里,在服苦役和流放生活中,为革命口号而战的人们倒下牺牲了。侦探们不分白天黑夜地奔忙着。囚犯们从容就义时高呼:"自由万岁!"

在他们遭到绞刑、枪杀或因刑讯、苦役而折磨致死的地方,不断有新的战士奋起斗争。整个欧洲处于恐怖的无形密网的包围之中。但首要的事实却是,欧洲被另一个强大的网笼罩着,这就是革命密谋集团的网。

尼古拉知道这一切,也看到了这一切,但他对斗争的意义却不再抱有信心。随着岁月流逝,尼古拉的头发花白了,他年富力强的时代已经过去。工作、阅历、欢愉和忧愁在他脸上犁出了几道深深的皱纹。而这时"神圣同盟"的力量,它那大概不可抵御的威权正在日益增长。密谋和斗争只是带来了无谓的牺牲、痛苦和流血。

如果不是为了自己的独生儿子，尼古拉现在可能会竭力不去想这些。肖邦是自己一生的希望和骄傲。他经历了极度的不安，简直是心惊胆战的一刻。那一场反对暴君的徒劳战争的地下洪流会不会把肖邦卷进去呢？不祥的旋涡会不会把他吞没呢？

尼古拉知道正在发生着什么事情。用不着宪兵，就可以理解中学高年级学生中不安的含义。整个华沙都在纷纷议论爱国同志会和自由波兰人同盟的密谋被揭破一事。军官中、市民中、大学生中，甚至在中学里到处都有人被捕。

而维也纳会议把俄国和波兰联合在既是俄国沙皇又是波兰国王的亚历山大一世的政权之下。"神圣同盟"创始人之一亚历山大一世在自己执政的初期选择了狡诈的策略。他对自己统治下的臣民说了许多好话。他给波兰制定了宪法，并许诺给俄国制定宪法。他的讲话像童话一样娓娓动听，因为实际上也只是童话而已，事实却是压迫、剥削和饥饿。饥饿使波兰和俄国的农民濒于死亡。俄国和波兰的监狱关满了俄国和波兰的自由战士。

1824年，华沙的爱国同志会密谋集团暴露了，紧接着自由波兰人同盟也暴露了。华沙的诉讼案件尚未结束，革命的华沙和革命的圣彼得堡、基辅之间开始了会谈，旨在掀掉亚历山大头上俄国和波兰国王的皇冠。

1825年12月1日，一个意外的消息在整个波兰迅速传播开来：沙皇亚历山大一世突然死掉了。

一群俄罗斯军官便趁着混乱的局势，在圣彼得堡发动了暴乱，希望能够推翻君主专制，建立民主制度。华沙的人民都希望这次运动会取得成功。

于是，波兰人民纷纷行动起来，分发武器，上街游行，并与君士坦丁大公的卫队展开了枪战。可是，由于寡不敌众，武器也不够先进，暴动很快就被镇压下去了。随后，无论是在俄罗斯还是在波兰，统治者都对人民进行了血腥的镇压。

一个俄罗斯军团因为拒绝向新沙皇尼古拉一世宣誓效忠，被押往贵族院广场，然后用大炮炸死了。煽动闹事的人被处以死刑，知识分子遭到了驱逐。

那一段时间，波兰城内血肉横飞，人心惶惶，处处充满了恐怖气氛。反动分子的血腥镇压让波兰人民普遍感到绝望，他们一齐穿上了黑衣，为死去的亲人和战友们戴孝。

密谋者们决定阻止他的继承人尼古拉登上王位。不会再有国王和沙皇了。俄国将获得宪法，遭受圣彼得堡君主铁蹄蹂躏的国家将获得自由，这些就是密谋者们的纲领。

然而，那些密谋者们犯了一系列错误。推举了拙劣的领导，犹豫不决，耽误了斗争开始的时间，而最主要的是没有把人民发动起来，尽管他们是想为人民并以他们的名义进行斗争的。根据尼古拉的命令，响起了第一阵枪声，枪弹的烟雾笼罩了枢密院广场，鲜血染红了白雪皑皑的大地。

那些枪声决定了一切。沙皇尼古拉踏着十二月党人的尸体登基了。俄国和波兰的监狱又一次塞满了囚犯。沙皇发现圣彼得堡和华沙暗中有联系后，气得发狂了。

为自由而战的人民结成了同盟，这对于君王来说是最可怕的威胁。沙皇暴跳如雷，因为他懂得，这个同盟是预示他必将遭到失败的第一个信号，人民的同盟像飓风一样危险，它将像吹走纸折的玩具那样毫不费力地掀翻他的宝座。

沙皇签署的判决书宣告着死刑、无期徒刑和终身劳役。沙皇想以犯人的鲜血和痛苦来吓倒那些准备进行新的斗争的人们。

然而，流下的鲜血不单单只是产生恐惧，犯人的鲜血和苦痛首先产生的是新的仇恨。那些决意要反对非正义的人，也许会害怕死亡，但却不打算在死亡面前退却。

圣彼得堡和华沙的诉讼使丧事遍布两国，但那些穿着丧服的人们又重新开始联结起密谋集团的网。

表面看来，一切似乎都平息下去了。沙皇一登基就获得了"王位上的宪兵"的称号。慑于十二月党人的暗杀，沙皇向全国各地派出了一群群鹰犬，特别是圣彼得堡和华沙笼罩着一片恐怖。每一座墙、每一扇门都有特务、暗探的眼睛和耳朵在窥视与偷听。

因此，从外表看来出现了称心如意的、表面的安定是不奇怪的。人们似乎觉得，现在青年人感兴趣的只是歌唱、姑娘、斟满的酒杯和愉快的生活。甚至有这样的宪兵将军们，他们以为在对十二月党人进行血腥判决之后，任何人头脑里再也不会出现暗杀沙皇的念头。那些对于生活除了安宁别无奢求的人，更是对这种安宁确信不疑了。

肖邦正是这些人当中的一个。看到和听到关于诉讼案件以及处决1824年和1825年密谋者的消息，尼古拉也有过自己的忧虑。对儿子的担忧和对暴君的仇恨、正义感和渴求有一个安宁的晚年的愿望，在他的内心斗争着。但对儿子的担心占了上风。因此，当那些事件平息以后，尼古拉暗暗地松了一口气，一切总算要平静、安定下来了。

1825年，俄国沙皇庆贺自己荣获波兰皇位，肖邦被召去为他演奏。

这件事情对肖邦的打击很大，他的身体状况也很让他的父母担心。他常常生病，稍稍做点事就会感到筋疲力尽。可是他依然没有放弃他的音乐和他的作曲。

在3年的高中阶段，肖邦一直担任学校的管风琴手，管风琴也成了影响肖邦音乐的重要乐器。很快，7月份的考试要来临了，肖邦没有更多的时间去接触音乐或是弹琴了,他把大量的时间和精力都放在了准备一般的科目上,因此他十分疲惫。

不久,因为超负荷的学习,肖邦终于病倒了。他瘦削的面孔上呈现出空洞的神情。蒂图斯见到他的时候,简直被他的模样吓了一大跳。

1826年6月,肖邦从华沙中学毕业了。月底,肖邦得知自己考进了华沙音乐学院,才算是松了一口气。于是,他和蒂图斯两个人就到处闲逛,还经常去听歌剧或是音乐会。

同年7月3日,为纪念同年6月5日在伦敦去世的歌剧作曲家韦伯,华沙举行了隆重的追悼活动,并且首次上演上了韦伯的作品《自由射手》。

这部剧作讲述的是,善良的阿加特如何拯救苦闷悲伤的马克斯。这部剧的音乐写得很好,它的德国式情调,特别适合德国人的口味。肖邦一边看一边和雷姆别林斯基小声地讨论。

通过观看这出剧,更加拓宽了肖邦的音乐思维,谈话间,他萌生了一个更强烈的愿望:我也要在钢琴上表现精彩纷呈的故事!

举办慈善义演

临近放暑假,尼古拉夫妇发现,在他们的4个孩子中,肖邦和他最小的妹妹艾米莉娅的身体越来越差,特别是小妹妹持续的高烧和头痛,让父母很是担心。

肖邦的小妹妹咳嗽得更加厉害,而且痰中还带有血丝。她的这种症状,使尼古拉夫妇更加恐慌。这年刚一放暑假,母亲听了医生的建议,带肖邦和小妹去杜什尼基温泉疗养。

到了这座城市,果真没有让肖邦失望。这是一座风景秀美、环境舒适、空气清新的城市。他们母子三人住在疗养院的一个名叫"布尔盖尔"的旅馆里。早上6时,全体疗养者在宽阔的草地上集合,然后伴着悠扬的乐曲开始晨练。

肖邦来疗养院的第二天,他就和疗养院的院长爷爷说:"今后,我来为晨练伴奏。"

从那天起,疗养院里的患者以为留声机唱盘换成新的了,因为每天晨练伴奏的音乐都是不一样的。这些患者听着清新优美的乐曲,心情都很舒畅,但他们没有想到,这些乐曲竟然是一位16岁少年的精心之作!

只有肖邦的母亲和妹妹知道这个秘密，她们偷偷地为肖邦在疗养期间也能摸到钢琴而高兴。在疗养院里，每天早上两个小时晨练，8时吃早饭。饭后患者接受治疗，其余的时间，可以爬山散步，自由安排活动时间。

艾米莉娅在医生的关照下，咳嗽有了明显的好转，她在自由活动的时间里，高兴得像一只快乐的鸟儿，跑来跑去。可有一天，艾米莉娅却哭着回来。原来疗养院里住着一位9岁的小女孩，她妈妈在她出生的时候就去世了，可她爸爸今天早上又病逝了。那个小女孩在爸爸的遗体前哭得很伤心。

当肖邦和母亲被妹妹领到那个小女孩面前时，他和母亲也落下了同情的眼泪。那个小女孩跪在父亲的灵前，为父亲虔诚地祈祷着，她的脸上充满了悲痛的泪水！

疗养院里的老院长，为这个小女孩的父亲处理丧事，并且答应，让小女孩在疗养院里一直住到有好心人收养她为止！

那天晚上，肖邦母子三人都失眠了，他们彻夜谈论着好心的院长和可怜的小女孩。

母亲说："我们应该给小女孩捐一点钱什么的，对吧！"

艾米莉娅接着说："把我每天的两瓶矿泉水减掉吧！把省下来的钱，都送给那个可怜的小妹妹吧！"

肖邦听着母亲和妹妹的谈话，他心里很难过。他明白，在他们六口之家里，只靠父亲办寄宿学校的收入生活，经济并不宽裕。好在肖邦母亲善于理财，家里才能省下了这次疗养的费用。即便他们母子三人再节俭，也不会捐给那个小女孩太多钱！

怎么才能帮助这个苦命的小女孩呢？肖邦一遍遍在想着。突然，他想到："对呀！我有一双会弹琴的手。"

于是，他兴奋地对妈妈和妹妹说："我想出帮助她的办法了，我想出帮助她的办法了。"

第二天早上，肖邦找到院长爷爷说："我想在疗养院里举行一场慈善音乐会，把演出所得全部都捐给昨天失去父亲的孤儿。"

老院长早就欣赏到肖邦的琴技了，他高兴地说："我代表小女孩和疗养院里所有的人，谢谢你的爱心！"

在院长的安排下，两天后，肖邦在疗养院的大礼堂里举行了义演音乐会。

音乐会开始前，老院长快步走上台来宣布："这些天来，我一直隐藏着一个秘密，那就是，这位从华沙来的英俊少年，来到我们的疗养院后，每天都为我们弹奏晨练的曲子。让我荣幸地说出这个少年的名字吧，他就是我们波兰的天才钢琴家肖邦先生。"

台下的观众，有的早就看见过肖邦，但不知道他的真实身份；有的观众早就从报纸上或从传说中听到过肖邦的大名了。这次义演盛况空前，杜什尼基小城顿时沸腾了。人们都为肖邦的义举而感动，纷纷伸出援助的手，帮助那个可怜的孤儿。

两天后，在大家的敦促和期待下，肖邦在杜什尼基城里的大剧院又举行了一次规模更大的义演。肖邦的义演，成了这座城里独树一帜的风景线，在义演的现场，艾米莉娅拉着小女孩的手，走上舞台，在肖邦的钢琴伴奏下，深情朗诵着肖邦即兴为她们写下的诗句：

尽管我是一棵无名的小草，但我同样沐浴阳光雨露。
花儿因为我更加美丽芬芳，我永远为这些生命歌唱。

肖邦把这两次义演的全部收入都交给了院长，让他为这个小女孩的日后生活作出妥善的安排。

在华沙，当肖邦的父亲和老师得知这次成功的义演后，他们都给疗养中的肖邦和小妹妹，写来了热情洋溢的信，并祝愿他们早日康复。

兄妹感情深厚

  1826年9月11日，肖邦母子三人结束了疗养生活，回到了华沙，全家人团聚在一起。尼古拉看到儿子胖了，脸色也好多了，他总算放心了许多。可是，一见到艾米莉娅，却让尼古拉很伤心。她的咯血虽然止住了，可是身体却越来越瘦弱了。

  肖邦母亲背地里偷偷告诉尼古拉说："医生说，艾米莉娅的咳嗽，已经转成了肺病！"

  听到这里，尼古拉心头的愁云更加重了，可他作为一家之主，又不能把这份压抑表现出来。于是，他开始暗中给予艾米莉娅无微不至的父爱，却又不想让艾米莉娅看出这份特殊来！

  病中的艾米莉娅，自从在疗养院里经历了那场感人的音乐会以后，她也变得懂事多了。艾米莉娅开始疯狂地迷恋钢琴，勤奋地学起了音乐，她常常往肖邦的屋里跑，缠着哥哥多教她一点琴艺。

  肖邦的姐姐露伊斯，当时已经是华沙文学院的一名大学生，有着深厚的文学功底，一心想成为一名大作家。肖邦的大妹，当时在华沙的艺术学院里学习美术，她在绘画方面也表现出了很高的天赋。

  在尼古拉家里的4个孩子中，有两个孩子酷爱音乐和迷恋钢琴，所以，肖邦和他小妹爱好离得最近，他俩兄妹的情谊也最深厚。

肖邦在和妹妹一起学习音乐的日子里，想方设法处处关心着他的妹妹。他常常对妹妹说："你的身体太差了，我们必须严格地遵守爸爸妈妈给我们定的作息时间。"

可是，他发现，他们要学的东西还很多，时间太不够用了。于是，他常常对她说："你先去睡吧！等我把这小段音节修改完毕后，明天再弹给你听！"

可倔强的妹妹却总是坚持要和肖邦一起学完再睡。

每当这时，他们的父母只好命令两个孩子都必须马上休息。等妹妹一走，肖邦又赶紧爬起来修改他的作品。后来，肖邦的小妹学琴时间也越来越短，因为妹妹常常被父母强迫地拉去看医生。

肖邦从父母的眼神里，看出小妹的病情一定很重，这使肖邦的心情很难过。

1827年1月，艾米莉娅病得更加厉害了，医生确诊她的病为肺结核。面对这个残酷的事实，肖邦家里从前那种欢乐的气氛顿时没有了。

打这以后，尼古拉夫妇到处奔波，为小妹四处求医问药，昂贵的医药费使他们不得不张嘴向朋友借钱。

在父母的心中，始终坚信孩子的病会治好的，他们安慰艾米莉娅说："好孩子，用上这新买回来的药，你就会感觉真的好多了！"

医生也想尽一切办法医治艾米莉娅，给她服用各种药品，给她洗芥末浴。病中艾米莉娅也变得越来越坚强，她怕父母为自己伤心，她总是咬着牙，忍着疼痛说："我要去哥哥的房间里听他弹琴！"

一开始，父母搀着她到肖邦的房间听琴。后来，父母背着她到肖邦的屋子去。再后来，小妹是被父母抬进肖邦的房间的。肖邦心里明白小妹心里的痛苦，他总是咬着牙，给小妹弹一些激昂的乐曲，让小妹振作起来，激励她战胜病魔。

再过一个星期，就是肖邦17岁的生日了。

这一天，肖邦激动地给躺在病床上的艾米莉娅弹着他为自己生日创作的乐曲，他还打算把这首生日祝福歌在他生日那天弹给所有的亲友听。在肖邦的琴声里，大家发现艾米莉娅睡着了，站在一旁的亲友已是泣不成声。他的父母也声嘶力竭地呼唤着艾米莉娅的名字，但是，艾米莉娅从此再也没有醒来。

这一刻，肖邦全家都陷入了无限悲痛之中。

3天后，肖邦全家为艾米莉娅举行了葬礼。天阴沉沉的，下起1827年的第一场春雨，人们的心里都充满了无限的悲哀。

在为小妹送行的长长的队伍里，肖邦怀里紧紧抱着他为小妹画的像，经过这一段时间的挽留，他自己瘦弱的身体也快虚脱了。

肖邦离开小妹的墓地，春雨还在淅淅沥沥地下着，艾米莉娅可爱的笑容在肖邦的心里一直挥之不去。接下来的几天里，肖邦一直处于发呆的状态，他把自己关在房里，不吃不喝，任由姐姐妹妹、爸爸妈妈叫门，他也不开门见他们。

最后，肖邦的父母、姐妹急了，生怕他也憋出病来，在门口哭着喊他，他才开门。过了不久，华沙大学开始扩建，尼古拉卖了他们家的房子，偿还了为小妹治病欠下的债。

肖邦家里办的寄宿学校也从此解散了。尼古拉凭着高超的教学水平，被华沙中学聘去做了一名法文老师。肖邦家则搬到了克拉科夫市政大街5号的一座新房子里。就这样，肖邦一家在悲痛中，开始了新的生活。

肖邦新的房间在楼上安静的一角，陪伴他的依然是一张写字桌和一架他初学钢琴时父亲送给他的三角钢琴。肖邦推开自己房间的窗子，就可以看见美丽的维斯迢拉河，还可以看见四季如茵的草场！

在这间房间里,肖邦把小妹的画像挂在了钢琴上面,他感觉小妹在天国依然能看见他弹琴,让他弹琴时一点也不觉得寂寞。这期间,肖邦创作的这些曲子中,音乐主题情绪都比较激烈,充满了勇往直前的精神。

他又在乐句中穿插了大量的休止符,使乐曲显得有些焦虑不安,好像作者在沉思低吟。在这些作品中,肖邦以前的活泼、幼稚、乐观的一面减少了,风格开始向沉郁和悲壮发展。

向莫扎特学习

1826年9月,肖邦开始了为期3年的大学生活。华沙音乐学院主要教授音乐和戏剧,但也把波兰文学定为必修课,还教授法语和意大利语以及修辞美学方面的写作课程。

埃尔斯纳仍然是肖邦的钢琴作曲主授老师,他对肖邦的要求很严格,他依然鼓励肖邦自由开创自己的音乐风格!

肖邦每星期要跟埃尔斯纳学习6个小时严格的钢琴对位法,每天还要上波兰通史教授勃罗津斯基的课,以及其他和音乐有关的课,他每晚都要到21时以后才能睡觉。

有时他为了寻找灵感,彻夜端坐在钢琴前!

随着课时的增加,埃尔斯纳越来越热切地关心自己的学生,因为他日益清楚地懂得,在他教育之下正在发展、成熟着的音乐家可能会成为音乐史上最明亮的新星,发出夺目的光彩。

人们带着敬意谈论肖邦,说他是埃尔斯纳的学生。埃尔斯纳的学生,这本身就意味深长。表面上这种说法包含着许多正面的成分,因为埃尔斯纳确实教过肖邦。

事实上,教导过肖邦的有许多教师,比如玛佐夫舍的牧人、割麦者、捆麦子的农妇、唱着收获节歌曲穿过田野的收获者、音乐爱好者以及婚礼乐队的乐师们。

华沙音乐学院院长埃尔斯纳为自己的学生而感到自豪。他信任肖邦，相信他的天才胜于相信自己。

尼古拉是他的挚友。他们俩早在10年前就相识了。挚友间是可以推心置腹地交谈的。因此，在肖邦的新作问世后，尼古拉问他，对儿子在钢琴演奏和作曲方面的进展有何看法时，埃尔斯纳先生陷入了沉思。

埃尔斯纳觉得肖邦作为一个作曲家攻击旧有的传统太轻易、太轻率。肖邦要写波兰式的音乐，他不去创作一些伟大的历史歌剧，也不想描写波兰王国的全盛时期，却去创作《玛祖卡》舞曲。

埃尔斯纳认为，这些舞曲十分美妙，但它们的美却浸透着粗野甚至是陌生感。他不去表现斯拉夫音乐应该表现的东西，斯拉夫人平静的生活和温顺性格方面的东西。

埃尔斯纳曾滔滔不绝地给尼古拉讲着，但是尼古拉已不那么注意听他讲了，因为埃尔斯纳讲得太专业、太深奥，超出了尼古拉的兴趣和接受能力。听到埃尔斯纳对儿子创作的十分古怪的意见，一开始尼古拉先生明显地被激怒了，但接着又陷入不安，甚至恐惧。难道自己的算盘打错了？难道这个世界上最珍贵的人会使自己失望？

"那么，到底是怎么回事呢？你怀疑肖邦的前途吗？"他勉强掩饰着自己的想法问道。

埃尔斯纳说："我不怀疑。我知道，他已选定了自己的道路。但是，我不认识这条道路，我不理解它。"

埃尔斯纳对肖邦的钢琴才能所作的评价使尼古拉冷静了下来。他作为艺术大师的未来，这才是头等重要的，因为教授先于一切地懂得，艺术大师的荣誉总是伴随着财富。

尼古拉先生熟知公众的变化无常，而当他想到弗里德里克的锦绣前程时，首先看到的是他的凯旋般的音乐会。因此，埃尔斯纳的话使他不安是不足为奇的。要知道，肖邦——作曲家，会毁了肖邦——钢琴家的前程，而只有后者才能带来真正的名声和财富，即功名和前途。

尼古拉决定和肖邦进行一次严肃的谈话，但是谈得很不成功。

赞赏和颂扬如同鲜花一样向肖邦撒来。人们称他为音乐天才、奇特的人才，对他百般恭维。但现在，当他终于开始为自己的作品骄傲，当他在自己的音乐中注入了新的、肯定是自己的东西的时候，以前那些吹捧者的热情却开始冷了下来。

使他难受的首先是音乐学院内所发生的状况。在那里，他是大家一致公认的受人宠爱的人物。但同时不仅是埃尔斯纳，其他教授也都有同样的感觉，似乎他时而使那些对他蓬勃发展的才华寄予希望的人大失所望。

校长埃尔斯纳从文法、修辞和美学的角度讲授乐理、数字低音和作曲的理论。课后经常进行实践练习，布置一些臆想出来的十分困难的作业。

正是在这些方面肖邦使自己的教授失望。他时而出差错并越出规定的框框。他在学校里谱的曲甚至激怒了性格温顺的埃尔斯纳。他要求肖邦必须按照讲授的规则来做。

有一回，在肖邦被问得不耐烦时，他说："如果规则变得陈旧或者太简单时，那就应该打破它……"

从其他同学的眼光中他看出了他们并不懂他的意思。他们分不清楚什么是争取新的内容、新的形式的斗争，什么是错误。他们以为他过于自信，把自己的缺点看作打破陈规，以为他不能成就人们寄希望于他的事业。

在年终考试成绩报告单上,甚至埃尔斯纳本人也表明了这样的看法,虽然对自己的得意门生给了肯定的评价,但并不过分高,而给另外几个学生的评价甚至要高于肖邦。

1827年6月3日,华沙剧院有了上演新剧的好消息。妈妈看肖邦总是把自己关在屋子里,怕他的身体累坏了,于是,她一大早起来就去排队给肖邦买剧票。

听说剧院里要上演莫扎特的《唐·璜》,埃尔斯纳老师也劝肖邦说:"去看看这部剧吧,一来是放松放松;二来也可以从中学到很多东西。要知道,你不也被大家称作波兰的莫扎特吗?天才和天才之间,总会有许多共通的东西吧!"

肖邦和好友雷姆别林斯基一起观看了这部歌剧,两个人第一次认识了这部剧里多次经历爱情猎奇事件的浪荡侠士唐·璜先生。

歌剧取材于西班牙民间传说《石头记》。故事说的是,唐·璜爱上了一个美丽的姑娘,姑娘的父亲却极力阻拦,他便杀了那个可怜的老人。随后,他和姑娘一起私奔了。不久,唐·璜又狠心地抛下姑娘去另觅新欢。最后,被唐·璜杀害的那个幽魂从地狱里闯出来,把他杀死了。

在这部感情悲剧里,莫扎特为优美欢乐的场景配上了伤感的旋律。当全剧演出结束时,肖邦也和观众们一起向台上挥着手,并一起欢呼:"莫扎特万岁!"

从歌剧院出来,肖邦仍然沉浸在歌剧的故事情节里。

他突然对雷姆别林斯基说:"埃尔斯纳老师曾经对我说过,要用钢琴的黑白键来刻画不同人物的心理,我当时不理解这句话是什么意思,现在我好像有点明白了。"

接着,他兴奋地宣布说:"我要用剧中唐·璜和村女采列娜的二重唱形式,来写我的下一部作品。"

不久,肖邦根据这部剧中的一个主题音乐,第一次开始在创作中运用管弦乐与钢琴的合奏,把人物内心的一瞬细腻地描写出来。他经过再次创作,写成了后来有名的《把手伸给我》。

肖邦通过学习莫扎特的音乐,对音乐有了更深的理解,他的作品开始探索人物的内心世界。

向民间艺人请教

1827年7月,暑假又到了。前年肖邦他们姐弟四人一同游玩的情景又浮现在肖邦的脑海。这个暑假他决定自己去乡下旅行。

可是,肖邦的母亲很担心他没人照应。他的父亲感慨地说:"他都17岁了,也应该给他自由了。想当年,我16岁时背井离乡从法国来到这里,不也是独自一人吗?"

临行前,母亲还是担心他的身体,叮嘱说:"那里的天气变化无常,你还是多带上几件衣服吧,免得着凉!"

就这样,肖邦很顺利地来到了斯卡伯克伯爵夫人的庄园里。他又一次受到了热情的款待,并且在这里第一次看见了常年旅居在国外的伯爵先生。

伯爵仔细端详着面前这位已被传得神化了的天才钢琴家。眼前的肖邦,已长成了中等身材的小伙子,不仅有着一双灰蓝色的大眼睛,而且体态修长优雅。

伯爵拍着他的肩膀说:"很好,很好。尼古拉家里出了棵好苗子。"他很喜欢眼前这个真挚、深沉、典雅、大方的少年。

这时,伯爵7岁的小女儿跑到爸爸面前撒娇地说:"妈妈已认了肖邦做她的第四个儿子!"

伯爵开怀大笑,说:"是吗?"然后,他又对夫人说:"看你当年促成的姻缘多么的美满啊!尼古拉夫妇生了这个天才的钢琴家!"

紧接着,伯爵夫人小声对伯爵讲了肖邦家里刚刚病死了一个14岁的女孩子,伯爵这才没有再问肖邦家里更多的情况。因为怕勾起大家的悲伤情绪。

一天,伯爵领着肖邦去见他的老朋友,波兹南省的省长拉季维乌亲王。

在拉季维乌亲王庄园富丽堂皇的走廊里,伯爵热情地为肖邦介绍那宽大的走廊两侧挂着的亲王家祖先们的肖像,讲着这个庄园曾经的辉煌历史。

伯爵告诉肖邦,拉季维乌亲王家族曾是一个显赫的波兰的贵族,他们的成员,还曾经和普鲁士皇族联过姻呢!

伯爵告诉肖邦说:"拉季维乌亲王也是一位很有实力的作曲家。柏林音乐学会每年都会演出他创作的作品。"

听到这里,肖邦在心里感叹道:"这么显赫的家庭,竟然出了一个身兼要职的作曲家,真是不多见呀!"

他们见到亲王后,受到了热情的款待。

亲王迫不及待地说:"听说肖邦先生要来,我的太太和女儿高兴极了,她们早就听说了肖邦先生在华沙的名气了!"

紧接着,肖邦被拉季维乌亲王和他的两个女儿簇拥着,走进了亲王宽大的琴室,在一架豪华的大钢琴前面坐下。

肖邦说了一些感谢的话,开始为大家演奏。

伯爵和亲王一家都目不转睛地注视着肖邦,他们从肖邦轻柔的手指下流淌出的琴声,感受到了肖邦乐曲里的那种悲壮而至诚的美!

几曲终了,拉季维乌亲王一家用热烈的掌声回报了肖邦的演奏。

接下来,伯爵和亲王要商谈大事,亲王把肖邦领进自己的藏书室,他大手一挥,说:"肖邦先生,到我这里来了,你就别见外。你可以自己选一些书带回去看!"

肖邦看见那一架架的书籍,兴奋不已,连声感谢亲王。在肖邦的心里,这个奖赏比什么都珍贵。随后,他将亲王珍藏的音乐书借回斯卡伯克伯爵夫人的庄园来阅读。

夜深人静的时候,肖邦还在灯下抄着音乐大师们的优秀作品,他贪婪地吮吸着书中的营养!除了读到许多经典的音乐作品,肖邦还不辞劳苦,翻山越岭去寻找音乐素材。

乡村的自然风光给了肖邦灵感,乡村所见所闻让他难以忘怀:草地上拄着拐杖蹒跚前行的老人,顶着烈日耕田的农夫,衣衫褴褛沿街乞讨的难民,那手捧《圣经》虔诚朝拜的农家女。

这些形象在肖邦的脑海里都一遍遍闪现,为了把这些情景化为倔强的音符,肖邦不分昼夜地在琴键上雕琢。

暑假结束了,肖邦把在乡间创作的乐曲交给埃尔斯纳老师评阅,老师先看了他为这次游历写的文章。然后,他又仔细阅读了肖邦创作的作品,他勉励肖邦说:"你的思想越来越有深度,越来越成熟了。我相信,你能够在波兰民间音乐音调的基础上,开创出有自己独特风格的音乐来!"

向国外同行学习

1828年8月的一天晚上,肖邦家里高朋满座。尼古拉与朋友们大声谈论着波兰的时事。

最近,波兰的局势是硝烟弥漫。肖邦的朋友、诗人密茨凯维奇深情地朗诵了他新创作的《青春颂》。

密茨凯维奇出生于1798年,他比肖邦年长12岁,平日里他们经常聚集在一起高谈阔论,肖邦从他新创作的《歌谣与传奇》和《无人祭》等具有强烈的民族主义倾向和浪漫主义色彩的作品里,吸吮到了新鲜的思想营养。

这使肖邦清楚地认识到,波兰的领土被瓜分以后,波兰人民虽然被奴役着,但波兰人民的民族意识并没有被扼杀。

肖邦听着朋友们的谈话,情不自禁地坐在钢琴前,开始即兴演奏。

客厅里的谈话声立刻被音乐声打断了。人们静静地望着肖邦,聆听着从他的手指间流淌出来的穷人的呼号声和战马奔腾声以及刀枪碰撞声。朋友们的聚会,促使肖邦的爱国思想更加强烈。在这之后,他的创作开始有意识地注重思想性了。

不久，埃尔斯纳教授在评阅他创作的作品时，对他说："我感觉到你作品的情感更深刻，气势更宏大了！你的作品不但具有了抒情诗的特点，而且还具有了民族史诗式的特点！"

因为整天与这些激进的诗人和艺人们聚在一起，肖邦的眼界大开。渐渐地，他已经不满足所看到的一切，他更加强烈地渴望自己能去外面的世界走一走和看一看。

而同时，有很多朋友和老师都在关心肖邦的前途。

埃尔斯纳说："肖邦明年就毕业了，他应该到国外去看看，特别是到德国、意大利和法国去，这对于他的发展非常重要。尼古拉申请奖学金的事进行得如何？"

尼古拉也非常希望儿子能有机会出国深造。任何一个音乐家，只有去维也纳或者巴黎走一趟才会被认可。可是家里的生活条件不太好，到哪里去筹集这笔资金呢？

为此，尼古拉为肖邦向政府申请旅行奖学金。这一申请经过各级机关的审查，最终被拒绝了。国家行政委员会和警察局认为不能赞成把国库的金钱浪费在奖励这种艺术家身上。

"这种结果并不出人意料，"勃罗津斯基冷冷地说，"不能指望俄国人关心波兰的艺术。"

于是，为儿子筹集必不可少的旅费的千斤重担就落在了肖邦父亲身上。选择什么地方作为目的地呢？是维也纳还是巴黎？是巴黎还是维也纳？这两座各具魅力的城市都有音乐之都的美称。不过，尼古拉选择了维也纳，因为他在那里有一个叫作乌尔费的世交，并且和他有一些重要的关系，弗里德里克可以由他来接待。

马采伊奥夫斯基提起3年前沙皇亚历山大一世曾听过肖邦的演奏，并于演奏会结束后从自己的手指上摘下一枚钻石戒指送给肖邦的事。他的意思是：可否直接向皇帝陛下提出申请？

勃罗津斯基轻蔑地说:"不能对他抱有幻想。"

当时波兰王国的国王由俄国沙皇亚历山大一世兼任,他力图将自己打扮成波兰人民的朋友,不时做出一种姿态,召见肖邦即其一例,但是还不是所有的人都能像勃罗津斯基那样认清他的本质。这是一个敏感的话题,它触动了每个人的心,使人们回到现实中来,再一次体验亡国之痛。

沉默了一会儿,亚罗茨基教授说:"下个月将在德国召开一个自然科学家代表大会,我已接到了邀请。我想,我可以带肖邦去,让他先到德国见见世面。"

大家都赞成。肖邦的第一次出国旅行就这样决定了。这将是他与外面的世界的初次接触。对于这个年轻人来说,此行具有重要的意义。

1828年9月,肖邦很幸运地随华沙大学动物学教授弗列古斯·亚罗茨基先生一起,去参加在德国柏林召开的一个自然科学家的代表大会。

临行前,肖邦激动地在日记本上写道:

虽然我和亚罗茨基教授只能在那里待两个星期,但他会把我介绍给柏林音乐界的朋友,我马上就能看到柏林斯蓬蒂尼的歌剧,我还将欣赏到更多杰出作家的优秀作品。

肖邦和亚罗茨基教授一行坐了整整5天的马车,经过几昼夜的颠簸,他们终于到达了肖邦倾慕已久的城市柏林。

来到柏林的第一个晚上,肖邦去看了德国作曲家温特的著名歌剧《中断的宴会》。

在柏林,每天晚上都有精彩的演唱会。在演唱会上,他还很幸运地见到了 9 岁的天才小提琴家伯恩。据介绍，小伯恩还是著名的音乐大师巴赫的后人呢！伯恩的演奏，使肖邦更进一步了解了巴赫的作品。

  肖邦还看到了德国人演出的韦伯特的《自由射手》，他认为，这里的演员演技是一流的！

  肖邦还看到了巴洛克时期最伟大的作曲家亨德尔的一部清唱剧《卡西连弗斯特》，还看到了清唱家、作曲家奇马罗萨的代表作品《秘密婚配》，看到了法国作曲家翁斯洛夫的喜剧《货郎》。

  于是，他对同行的亚罗茨基教授说："教授先生，我真羡慕柏林人，他们每天都能看到新上演的歌剧！这在我们家乡却是不可能的事！"

  最让肖邦兴奋的是，他见到了德国的音乐家门德尔松，并且欣赏到了他的名作《仲夏夜之梦》。

  门德尔松比肖邦年长 1 岁，当时他创作了大量的弦乐曲，演出时，一度引起轰动，他比肖邦的名声还要大。肖邦在欣赏年轻的同行高超演技的同时，更让他产生了超过他们的强烈愿望。

  一天，肖邦走在柏林的大街上，他感到自己很自信。他想，此时有钢琴的话，我会直接把这种感觉在钢琴上表现出来。

  这样想时，肖邦不知不觉走进了一家乐器商店，他第一次触摸到那么多崭新的钢琴。肖邦向店员询问钢琴的制造和生产过程，店员绘声绘色的介绍，使他手里直痒痒。

  肖邦不由自主地坐在了一架钢琴前面，即兴弹奏了几句刚刚留驻在他心里的旋律。

  "啊！好美的琴声啊！"商店里的顾客，一下子被肖邦的琴声吸引过来，人们惊奇地望着眼前这个神秘的年轻人，不知道他是谁，都不住地夸奖他的琴艺。

在大家的邀请下，肖邦大方地开始即兴演奏。不知过了多长时间，筋疲力尽的肖邦停了下来，他向店老板说："谢谢你们，让我使用你们的新钢琴，我打扰你们工作了吧！"

店老板高兴地说："不，小伙子，你为我带来了这么多的顾客，我高兴还来不及呢！"正当肖邦想离开这里的时候，有人却对他说："小伙子，你的琴弹得这么好，您帮助我选一台钢琴好吗？"

肖邦欣然应允，虽然他和柏林人口语交流很生硬，但音乐缩小了他们彼此间的距离。

那天，这家乐器商店很幸运地多卖了10台钢琴。肖邦准备离开的时候，老板紧紧握住他的手说："小伙子，瞧你这么能干，我可以高薪请您做我的店员吗？啊，我是说，您愿意到我们这里工作吗？"

肖邦笑着婉言谢绝了。这是他在异国他乡第一次很特殊的演奏，他赢得了观众的掌声和喝彩声！

几年后，当肖邦在柏林上流社会的舞台上演奏时，人们才如梦方醒。大家惊奇地发现：他正是当年在乐器商店里弹琴的小伙子。

1828年10月6日，肖邦他们从柏林返回波兰，肖邦对这次旅行认真地做了记录。这些，我们从他留下来的日记中可以看到。

肖邦风尘仆仆地进了家门，他把自己在柏林看到的一切，都讲给家人听，大家为他的传奇表现惊叹不已。特别是他的父亲尼古拉，他更希望儿子能够去一趟维也纳。

出国的事情定了下来，剩下的事便是尼古拉四处筹集资金。可是当时的华沙动乱频繁，钱也不是那么容易借的。因此，肖邦的出国日期也是一拖再拖。

1829年的春天，俄罗斯的新沙皇尼古拉一世准备驾临华沙，举行波兰王国国王的加冕仪式。波兰人对残暴镇压十二月革命的情景记忆犹新，因此对这件事的反应也极为平淡。

此时的革命浪潮不但没有平息，反而又再次地涌动了起来。就在肖邦经常聚会的咖啡馆中，在亲朋好友的家里，人们朗读的激进报刊，那些进行的政治讨论搅得他激动不安。人们争相对这次来访表示冷漠。就连平日里腼腆的肖邦也毅然表明他的信念，公然蔑视那场庆典，认为它又肮脏又丑恶。

为了庆祝庆典，在加冕仪式之前，在波兰各地都举行了非同寻常的音乐会，演奏的是巴赫、亨德尔、海顿和凯鲁比尼的作品！人们还纷纷相互传告，说人称"魔鬼小提琴家"的意大利演奏家帕格尼尼这个伟大的人物也要在音乐会上演奏自己的作品。

帕格尼尼属于欧洲晚期古典乐派、早期浪漫乐派音乐家。他是历史上最著名的小提琴大师之一，对小提琴演奏技术进行了很多创新。

听说帕格尼尼要到来的消息，肖邦兴奋了好几天。音乐会那天，他早早地来到了会场，这里已经人山人海了，他好不容易挤进了会场，听了帕格尼尼的演奏，并且留下了强烈的印象。肖邦当时就想，我一定要把钢琴练到这种程度。

回到家里后，肖邦在日记中写道：

帕格尼尼，身材单瘦，面色苍白，没有一点血色，蓬乱的头发下一双乌黑的大眼睛，闪烁着奇异的光芒。

让人一看他的样子，就想起传说中的魔鬼，可看到他出神入化的演奏技巧，又让人不得不对他刮目相看，让人不可思议，他竟然把琴弹到了炉火纯青的地步！

推出优秀作品

一天傍晚，肖邦独自一人在校园里徘徊。他望着天边的最后一缕晚霞，不知为什么，他感到有点惆怅，也有几分伤感，一丝说不清、道不明的情绪萦绕在他心中。

在经过琴房的时候，肖邦听到有人在弹琴，弹的就是他去年谱写的《e小调夜曲》。

肖邦停下了脚步，侧耳倾听，随后又微笑地摇了摇头。忽然，他听到有人在和着琴声唱歌，是女中音，声音既圆润，又动听。

肖邦不知不觉地站在门前，门虚掩着，透过门缝，他看见了一位身穿白色连衣裙的少女，亭亭玉立，正面对着他。

少女看见了他之后，她的歌声戛然而止。这个人过来，将门打开了。在她的注视之下，肖邦突然觉得自己心跳加快，面红耳赤，竟然不知所措。

坐在钢琴旁的那个人站了起来，笑着说："噢！真巧，原来是肖邦啊！你把我们吓了一跳。"

肖邦这时才看清，为少女伴奏的是他的一位同学。

肖邦的同学看见肖邦不说话，便说："怎么，你们还不认识？那我来介绍一下。"

他指着肖邦说:"这位就是《e小调夜曲》的作者肖邦先生。"肖邦的同学又指着少女说:"这位是我们的新同学,康斯坦茨娅·格瓦特科夫斯卡小姐。"

肖邦鞠了一躬,说:"非常荣幸。很抱歉,我打断了您的演唱,请继续吧,您唱得很好听!"

康斯坦茨娅还了一个礼,说:"谢谢,认识您我非常高兴。"

这时,肖邦的那位同学说:"肖邦,你来得正好,康斯坦茨娅特别喜欢你的这首夜曲,刚才她让我弹奏,可是我弹得太差了,还是你亲自为她伴奏吧!"

肖邦也不推辞,就坐在钢琴旁开始演奏。这支夜曲所具有的抒情、沉思、忧郁的旋律,正符合他此刻的心境,琴声就是他的心声,他感到从未有过的激动。

肖邦对康斯坦茨娅一见钟情,很快就变成了一种狂热的爱恋。可是,他却始终不敢继续和她接触。

康斯坦茨娅是宫廷总管的女儿,她来到华沙之后,经常出入上流社会。康斯坦茨娅很漂亮,像小鸟一样快乐。她的身边便聚集起了一大批的崇拜者,围着她献殷勤。这群年轻英勇的军官放出话来,随时准备为康斯坦茨娅而决斗。

康斯坦茨娅似乎对谁都是一视同仁。在舞会上,她接受每个人的邀请,而肖邦似乎不屑于这样做,他不肯这样露骨而又粗俗地追求,他觉得这是对神圣爱情的一种亵渎,他担心自己会被淹没在一大群的追求者当中。于是,肖邦又渐渐对她疏远了,可是他的心却在思念着她。为此,他一天比一天憔悴。

一天,肖邦的好友雷姆别林斯基发现他的情绪有些不对头,担心地问:"你怎么了,最近好像有心事啊?"

肖邦沉默了一会儿，才叹了口气，说："我爱上了一位姑娘，可我却不知该怎么办。半年多了，我没有和她说上过两三句话，可是她的影子却一直在我的脑海中出现。"

雷姆别林斯基问："她是谁呀？"

肖邦低声说出了他心中的秘密。接着，肖邦告诉雷姆别林斯基，他最近的《协奏曲》慢板和几首圆舞曲，就是为她写的。

雷姆别林斯基"哦"了一声，说："她有好多追求者，你不主动追求，别人就会捷足先登了！"

肖邦说："我看她对谁都好，人又漂亮，家庭出身也好，爸爸又有权势。而我啊，只是一个穷光蛋，我担心她会拒绝我。"

雷姆别林斯基激动地说："谁说你是穷光蛋？你是全波兰公认的天才音乐家呀！你就是我们波兰的莫扎特在世呀！"

肖邦忧虑地说："世界上的女子，谁都爱天才，但没有一个愿意和他们结婚的。天才在他们眼里只是高贵的艺术品。"

雷姆别林斯基说："话可不能这么说，我建议你当面向她表白，在只有你们两个人的时候。不试一试，你怎么知道她的真实想法？"

可是，肖邦还是怕被拒绝。就这样，说来说去，两个人也没有研究出什么结果来，只好把这件事先放一放。

此时，波兰王国国王的加冕仪式还没有正式开始。这段时期，肖邦根据好友密茨凯维奇的两首史诗剧作，创作了两首叙事曲。

第一首《g小调叙事曲》来源于密茨凯维奇的诗作《康拉德·华伦洛德》。

诗剧叙述的是，11世纪时期，立陶宛民族被日耳曼的骑士团歼灭后，立陶宛人的后裔、年幼的华伦洛德被俘。华伦洛德在敌人的军营中长大后，为敌人效力，向自己的祖国发起进攻。

为此，立陶宛的老人乔装成唱诗的歌手，深入敌营，向华伦洛德诉说立陶宛人悲惨的遭遇，华伦洛德才知道了自己的身世。

随后，他决心为自己的祖国效力。最后，立陶宛人获胜了，可华伦洛德却被敌人处死了。

密茨凯维奇创作这首史诗，意在鼓舞波兰人民再次起来反抗异族侵略。

肖邦借用该剧的精神和史诗的气概，用乐曲奏出了叙事诗的意境，乐曲充满了叙事性的表现力和戏剧性。

第二首《F大调叙事曲》，取材于密茨凯维奇的长诗《斯维台茨湖》。

长诗叙述的是，立陶宛的壮男都到前方参战去了，当后方的老幼妇孺听到前方兵败，敌人不久就会打到自己的家门口时，他们便祈求上苍，宁愿让洪水淹没自己的城市，也不愿遭到异族的践踏。

紧接着，奇迹出现了，这座城市马上就变成了一片汪洋。许多年后，一位流落他乡的立陶宛后裔漫步湖泊，想寻找先人的踪迹，突然有水神从湖中浮现，向他讲述了这个故事。

肖邦根据长诗的描述，用平静优美的乐句和暴风雨般的戏剧性乐句形成鲜明的对比，构成了这首乐曲的特定的音乐形象和情绪气氛。这两首乐曲很好地表达了肖邦对俄罗斯新沙皇加冕仪式的蔑视和不满。

不久，肖邦还是被新沙皇召去，为沙皇加冕仪式演奏。虽然肖邦很不愿意去，但毕竟沙皇是得罪不起的，肖邦只好去参加了这次演奏。

还是在这个春季，一天，肖邦的老师埃尔斯纳郑重地对他的父母尼古拉夫妇说："是这样的，还有几个月肖邦就要毕业了。我觉得，我们应该尽力地为他筹办一两场音乐会，以便为他正式踏入社会做准备。这也可以算作他向社会递交的一份答卷。我觉得,以他的天才和实力,他是能够胜任的。"

在尼古拉夫妇心里,埃尔斯纳是个经验丰富和很有远见的人,所以一听到这话,尼古拉便惊奇地问:"您的意思是让他举办公开的演出?"

埃尔斯纳诚恳地说:"是的,我认为有举办公演的必要!"

"可是……"尼古拉觉得自己有点力不从心。

埃尔斯纳立即打断了他的话,肯定地说:"放心,我会帮助你们打通一切障碍的。"

就这样,在埃尔斯纳先生的帮助和尼古拉夫妇的努力下,一周后,肖邦在华沙举行了两场音乐会。

自1724年的那场音乐会以后,肖邦有近5年的时间没有在华沙的听众面前露面了。当时,华沙的听众一看见肖邦公演的宣传单,都纷纷购票,整个华沙城顿时热闹起来。

第一场演出那天,尼古拉夫妇紧张地坐在台下。茨弗尼风趣地说:"不用担心,作为他的至亲,你们就应该相信肖邦的能力!"

这次公演的主打曲目,是肖邦最新创作的《冬天的旋风》。肖邦创作这首曲目是有寓意的:寒冷的冬天过去了,可华沙人心中的天空却仍不见暖意。

肖邦这首作品,暗示了华沙人被压制的革命热情,好像是一篇在冬天里悲痛欲绝的独白!

演出过程中,尼古拉夫妇的紧张情绪一直没有松弛下来。一曲终了,观众报以热烈的掌声。

看来,大家听懂了乐章所包含的深意。

邻座的观众热情地伸出双手,向尼古拉夫妇表示祝贺。肖邦的母亲被这热烈的场面感动得热泪盈眶。

公演结束后，华沙《妇女信使报》评论说：

>被称为波兰的神童、莫扎特第二的天才钢琴家肖邦已经长大了。他的手指特别细长，他演奏自己作品里特有的和弦和宽阔的琵琶音时毫不费力。
>
>他的天赋和精湛的琴技，好像一只驾驭琴键上的五彩飞鸟在快乐地翱翔。
>
>让我们诚挚地祝愿这位年轻的钢琴家、这位才华出众的作曲家，日后能创作出更多更好的作品来！

这次演出结束后，肖邦又全身心地投入到了新的创作中。

他的毕业论文和他向学校递交的毕业乐曲，至今仍陈列在华沙音乐学院的纪念馆里。后来，他的作品还被这所音乐学院编入教材。

肖邦成了华沙音乐学院培养出来的卓越学生的代表！

1829年7月，肖邦从华沙音乐学院毕业了。肖邦的音乐主授老师埃尔斯纳在他的毕业评语里说：

>肖邦具有特殊的音乐天赋，是个罕见的音乐天才！

并为肖邦不久到维也纳深造写了推荐信。

一天晚上，肖邦的父亲尼古拉对肖邦说："钱总算凑齐了，这里的钱够路上花的。还有一些记名期票，你到维也纳以后可以去取出来。可是你要记住，千万不要在别人面前摆阔，花钱也不要大手大脚！因为你从来没有过节俭的意识。"

为了能让肖邦去维也纳深造，肖邦一家和亲朋好友很早就忙开了。

可是，说心里话，肖邦对这次出远门很犹豫，这其中有许多原因。

这些年来，肖邦已经习惯于在父母身边生活了，他有点儿害怕孤单。再说，华沙的政治气氛一直不太好，他特别担心爸爸妈妈、姐姐妹妹们的安危。

早在1829年春天，在华沙暗暗流传着革命将要到来的消息。

尼古拉并不相信谣传。但他知道，谣传有时就是事变的预兆，他也知道在战争或者革命时期必须沉默下来。因此他认为，革命会比疾病更容易毁了他的儿子。尽管现在只是那些长嘴饶舌的人在谈论革命，但是华沙必然会以革命来回答沙皇尼古拉日益狂虐的暴政。

只有一条出路可以摆脱这种危险的局面，就是尽快地让肖邦出国。

虽说肖邦对康斯坦茨娅只是一种单相思，他们能够相爱的希望特别渺茫，但是他觉得，他这一去，这点渺茫的希望都没有了。他似乎一天不见到她心里就难受！

那一时期，肖邦一直在寻找机会与他心爱的女孩接近，他觉得有勇气袒露自己的感情了，没什么可犹豫的了，他决定要表露自己像火一样的爱情！

几天以后，举行了一场祭礼。肖邦设法谋到了管风琴师的职位，并在祭礼上弹奏了一些即兴创作的，与会场气氛完全不符合的作品。

曲子刚一弹完，肖邦就从那些极为不满的信徒当中分开了一条路，来到了康斯坦茨娅面前作了自我介绍。然后，他便赶快溜走了，以免引来众人的愤怒。不过，他至少得到了盼望已久的约会。

到现在为止，肖邦一直不喜欢为某种具体的事件作曲。可是，在爱情的鼓舞下，他竟然大胆地写出一部既忧郁又热烈的《钢琴协奏曲》，倾诉了自己的烦恼。

他与康斯坦茨娅约会的次数越来越多，他挽着姑娘的手臂散步，骄傲得像一只孔雀。可是他还是小心地让自己的一位朋友去打听情况。他怕人们看见了他和一位美丽的姑娘在一起会说三道四。在华沙，还是应该遵守它严格的规矩的。

爱情之火越烧越旺，也让他的音乐激情膨胀起来，他越来越希望可以到巴黎或维也纳去走一走，可以碰到一些激动人心的比赛，至少可以和那些大名家们同进同出，在钢琴上一争高下。他开始渴望旅行，渴望桂冠，渴望光荣！

当尼古拉将钱以及车票交给肖邦时，肖邦不由得怔住了。事情来得有些突然，肖邦盯着钱，一时间有些犹豫不决。

父亲严厉地打量着他："怎么，你又不想去了吗？你以为这钱是这么容易凑齐的吗？"

肖邦慌忙说："不是的，爸爸，我怎么会那么想呢，我只是想，还有几个星期……"

让肖邦为难的是，他必须舍弃康斯坦茨娅。他立刻跑去找她，告诉她这个消息，可是他却受到了极为冷漠的接待。

"你的那些好听的誓言呢？"康斯坦茨娅伤心地问。

"别说这种话……我很快会回来的，要是你家里人同意的话，我们可以很快结婚的！"肖邦尽力解释着。

"唉！算了吧，不知你的话哪句是真，哪句是假。"康斯坦茨娅眉头紧锁，眼泪都快流下来了。

"我可以每天都给你写信的。求求你相信我，别把事情弄得太复杂了。我只能往前走，这样才可以把自己的事业发展起来。"肖邦几乎是恳求着康斯坦茨娅。

可是康斯坦茨娅根本不听他的解释，对他的这些一点儿都不热心。肖邦也特别了解他的爸爸妈妈、亲朋好友，以及两位老师对他的期望，他也知道，他这样老待在华沙这个小地方，事业是不会有多大的起色的。

尽管肖邦百般犹豫，过了几天，他还是顺从他父母的意思，依依不舍地登上了去维也纳的火车。

1829年7月底，肖邦与音乐学院的4位同学一起由华沙出发，去他们的音乐圣地维也纳。在中途，肖邦他们需要倒换火车，因此便找了一间小旅馆先住下。肖邦在屋子里来回溜达，发现有一架钢琴，于是便坐下来弹琴。

肖邦的琴声一下子把旅店主人和他的妻子、女儿吸引住了，随后，所有的旅客们都被吸引过来了。人们惊奇地望着这位意外出现的艺术家，都听得入了神。

旅客中还有个"烟鬼"，从未见他断过烟，可是现在，他全神贯注地倾听着美妙的琴声，竟没有发觉他的烟斗已经熄灭，并且都凉了。

夜深了，肖邦的同伴们都睡了。肖邦几次中断琴声，要去休息，可是人们都不肯让他走，希望他可以再弹一曲，于是他只好又坐下来，继续弹奏，人们听得如痴如醉。

有一位老音乐家含着泪走过来，用力地握着他的手，并说了许多祝福的话。店主人也被感染，他慷慨地招待大家。他的女儿给肖邦准备了许多水果和食物，让他在路上吃。

就这样，肖邦弹了整整一夜。第二天一早，他们坐上了火车，旅店主人一家以及所有的旅客都去车站送他。

肖邦望着送他的人们，心里十分激动，这样的时刻对他来说是一辈子都不可能忘记的。

闯荡维也纳

1829年7月31日,肖邦和他的同学一起站在了驿车的顶层,进入了维也纳城。维也纳迷人的景色和浓厚的文化氛围,让他们目不暇接。

街道上的景象也是如此热闹,一辆辆豪华的四轮马车在街上奔驰,后面跟着穿着精美号衣的仆人;一个个警察也穿着有饰物的军服在街上巡逻。

这边,是利希滕达尔近郊,是舒伯特的诞生地;那边,是西班牙黑人会馆,两年前,贝多芬就是在那里去世的。此外,还有街上的那些民间活动,如木偶戏、受过训练的狗、流动乐队,以及看热闹的行人。这些场景,给这群波兰小伙子留下了极为深刻的印象。

肖邦一到维也纳,他家的老朋友乌尔费就忙着把他介绍给自己的朋友,尤其是介绍给著名作曲家吉罗维茨和卡尔特纳托剧院的经理加伦伯格。

不过,要知道,维也纳似乎从来就不缺少音乐才子,而这次肖邦带给维也纳人的,除了几支家乡的民间小调,也没有什么大部头的东西可以引起维也纳人另眼相看。因此,加伦伯格的接待勉勉强强还称得上是亲热。

不过，大出版商哈斯林格答应他可以出版著名的《根据莫扎特的一段主旋律所作的变奏》。这就给肖邦又提供了一些不错的筹码。基于此，人们可以很愿意地来听他演奏。

不久，在一家著名的沙龙里，肖邦的琴声第一次与维也纳的贵族听众们见面了。这一次，听众的反应挺一般，肖邦感觉很难过。

从童年起，肖邦就一直是在夸赞声中长大的，对于赞扬，他简直太习以为常了，而此时受到了冷落，当然也很不舒服。不过，现在他明白了，要想在维也纳出人头地，他还有很长的路要走呢！

哈斯林格看到肖邦来维也纳后，整天忙着看歌剧，欣赏别人的音乐会，却闭口不谈自己公演的事，真的以为他不想在这里演出了，便着急地说："下个星期，你写的那首变奏曲就出版发行了，你的音乐会也同时举行吧！一切事宜由加伦伯格院长安排。"

加伦伯格声称，他是很看重肖邦的才华的。于是，他提出，愿意把剧院大厅免费借给他举办一场音乐演奏会。

肖邦很喜欢这个漂亮的城市，而且维也纳人对他很友好，劝他一直待到冬天，并鼓动他公开演出，甚至说如果他不演出就离开此地，那维也纳将受到很大的损失。

肖邦在致家人的信中写道：

我到胡萨日夫斯基家去了一次，听了我的演奏之后他激奋起来，并请我去吃午饭。席间有不少维也纳人，好像他与所有的人都说好了似的，一致要我公开演出。斯泰因想马上把他制造的一架钢琴送到我的住所，如果我举行音乐会的话，就送到音乐会上去。

然而，生产水平比他更高的厂主格拉夫对我做了相同的许诺。

总而言之，凡是听过我弹奏的人都要我演出，而维尔费尔还补充说，既然我来到维也纳，而且我的作品又即将出版，我就一定要演出，否则，我必须特意再来此地一次。他担保说，现在的时机最合适，因为维也纳人渴求新的音乐，青年音乐家不应错过这样的机会。

然而，肖邦在沙龙里受了些小挫折，便有些犹犹豫豫。他觉得自己的音乐好像并不受维也纳公众的喜欢。他对这个音乐演奏会的前景很不乐观，因此有些害怕，他甚至都想回华沙了。

加伦伯格好像已经预感到了肖邦要打退堂鼓，于是就决定来个既成事实。

有一个星期六，加伦伯格在剧院里见到了肖邦，便对他说："肖邦，下个星期四要举行音乐会，你愿不愿意参加啊？我可以把你安排在十分有利的位置上，你看怎么样？"

肖邦不好意思拒绝，只好答应下来。不过，他心里十分清楚加伦伯格的用意。

肖邦私下里对朋友说："加伦伯格感兴趣的，是因为我不会让他掏钱。而我之所以答应他，是我因为酷爱演奏罢了。"

后来，不管怎么说，反正演奏会的事情定下来了。

这次演奏会由乌尔费担任乐队指挥，他把节目的内容告诉了肖邦。先是贝多芬的曲子，接下来的就由肖邦演奏他的《根据莫扎特的一段主旋律所作的变奏曲》和他在维也纳创作的《克拉科夫回旋曲》。

由于时间很紧迫，没有多长时间的排练，肖邦与乐队只有一次合排的机会,时间定在了星期三的上午。乐师们不愿意用如此短的时间来排练一部新谱子,于是他们一边排练一边嘀咕说:"真不好演奏啊!""多么笨啊!""一点儿想象力都没有!"

听到这些,肖邦心里非常难受。由于和乐队配合不好,到了最后的时刻,肖邦还是决定把《回旋曲》抽下来,换上一部即兴创作的作品。

1829年8月11日18时,维也纳上层社会的名流人士和贵族的太太小姐们,来到卡尔特纳托剧院,观看肖邦的演出。

哈斯林格的女儿列奥波迪蒂,是一位有名的职业钢琴家,女婿勃拉卡是当地有名的新闻记者,他们两人穿梭在观众中间,他们要看看观众的反应。

同肖邦一起来维也纳的几位同学,也都坐在观众中间,扮演着探子的角色,分散在每一个角落。当时,肖邦本来就有些惴惴不安,现在,他看到稀稀落落的听众,心里更是慌乱了。他弯着背,低着头,匆匆地走上舞台,来到钢琴旁。

他连望也没有望一眼他的乐队,便开始轻轻地演奏起他的钢琴曲。他的琴声轻柔迷人,不是那种猛烈敲击键盘而发出的声音,他对待自己的钢琴是温柔的,他厌恶乐队使出浑身力气来演奏的风格。

一开始,听众还抱着怀疑的态度,有些人还在下面低声谈话,可是渐渐地,没有人说话了,大家都安静下来,屏住了自己的呼吸,慢慢地来了兴致。

肖邦即席创作的《科麦尔》,是一种波兰人在婚礼中常用的饮酒曲,是波兰西部传统舞曲中最古老的曲调。也许正因为这样的曲调才令听众耳目一新,琴音刚落,听众们便热烈欢呼起来,一些听众甚至都跳到椅子上了!

这种奇怪的飘逸的演奏方法,与风靡一时的贝多芬的演奏技巧是非常不同的,这种轻灵的与柔和的琴风更适合沙龙,而不适合这样巨大的音乐厅。不过肖邦还是得到了观众热烈的掌声和许多欢呼声。

演出结束后,哈斯林格尤为兴奋,他周旋在各音乐名流之间,仿佛肖邦不是朋友的学生,而是他一手培养出的得意门生,他分享着肖邦这份成功的喜悦,听着维也纳观众给予这位天才钢琴家的赞誉!

评论界赞美肖邦说,在肖邦的作品中,民歌成分第一次以它的全部激动人心的深刻性表现了出来。

肖邦的演奏中艺术性、技术性的完美和富于激情的气氛,使一些老的音乐家如拉赫纲、吉罗维茨和车尔尼等人赞叹不已。

贝多芬的朋友、第一流的四重奏演奏家舒本济格也被这位年轻的钢琴家迷住了。他赞许地对肖邦说:"年轻人,酝酿一下感情,再加演一次吧!"

不过,肖邦也听到了一些批评的话语。但是,这些都不重要,重要的是,他已在维也纳产生了一些影响。后来,他写信告诉家里人说:"我是抱着豁出去的态度作表演的。"

就这样,音乐会虽然取得了成功,但肖邦似乎并未真正博得维也纳观众的心。

8月12日,肖邦在给父亲的信中有这样的话:

几乎每个人都说我的演奏太阴柔,太细腻了。因为维也纳人习惯倾听强而有力的敲击方式弹奏钢琴。但是我不在乎,我宁可这样也不要他们说我的弹奏过于大声。

肖邦清楚地认识到，这样的演出是关系到他自身荣誉的大事，成功与否，都会决定他以后的音乐生命，可血气方刚的他，愿意满足听众的心愿，自己也愿意接受如此巨大的挑战。

　　8月18日，肖邦在维也纳举行了第二次公开演出。按当时维也纳流行的音乐风气，肖邦这次演出，他要先演奏几首固定的曲目，再请听众指定一段主题音乐，由他作即兴的表演。

　　这一次，肖邦终于演奏了那首《克拉科夫回旋曲》，这首乐曲的配器原先非常单薄，经过肖邦一位在维也纳进修同学的重新编配，整部曲调显得圆润而流畅了。

　　台下的观众继续保持高昂的热情，欢呼声、喝彩声不绝于耳。第二场音乐会比第一场更为成功。按照提议，肖邦即兴表演了法国作曲家布瓦尔迪厄创作的歌剧《白衣夫人》的主题音乐。

　　幸好肖邦在这里刚看过这部歌剧，在他的脑海里，仍然浮现着剧中主人公的形象，这使他处理起这首作品来更加得心应手。然后，肖邦又按照观众们的提议，即兴表演波兰的主题曲《蛇麻草》等乐曲。观众十分兴奋，有的人又情不自禁地从座位上跳了起来。

　　18岁的维也纳女钢琴家勃拉格特卡，走上舞台把自己创作的乐曲送给肖邦，表示对肖邦演出成功的真诚的祝贺！

　　这次打了折扣的成功并未使肖邦满足，他觉得自己的风格不太适合维也纳。不过他自己觉得没有什么，反正他是不会改变自己的风格的。

　　次日，肖邦在给父亲的信中有这样的话：

　　　　如果我的首演获得好评，那么，昨天的那场演奏应该更好。我站在舞台的那一刻，叫好声至少重复了3次，台下有着大批的听众。第二次演出远比第一次成功，这正是我所喜欢的见证。

父亲筹集的旅费也快花光了，肖邦准备回去了。告别维也纳的情景也非常使人感动。他和朋友们互相拥抱，有的人甚至哭了起来。

不久，肖邦告别了他在维也纳新结识的朋友，怀揣着埃尔斯纳写的另外5封推荐信，向新的目的地进发。

肖邦一行途经布拉格、莱布尼茨、德累斯顿、瑞士，肖邦恭敬地去拜见一些有名的音乐家，观看了当地的音乐演出，并参观了一些画展。

这是一段漫长但风景如画的旅途。

肖邦在汉卡的住客留言册上写了一首《玛祖卡》舞曲，向汉卡表示他的感激。这曲子是按照一位名叫马切尧夫斯基的旅伴为了表示对兄弟民族这位伟大人物的尊敬，而匆匆写成的词句制作的。金色的布拉格给肖邦留下了深刻的印象。这是一座睡意惺忪、略带荒凉、衬着绿色的城市，很大、很美、很古老，也很迷人。

途经台普里茨时，肖邦做了短暂的停留。由一位华沙熟人介绍，他在克拉瑞和阿德林根侯爵的贵族家庭里度过了一个夜晚，当晚肖邦应邀作了4次即兴演奏，对此，他在一封信中有详尽地描述：

喝茶前我和克拉瑞侯爵个人谈了很久，喝完了茶，他的母亲请求我"赏光"坐到钢琴前面去，这是一架葛拉夫牌的好乐器。我"赏了光"，但也从我这一面请求先生们赏光给我一个主题作即兴演奏。

这提议立刻在大桌子周围那些手拿绣花针、织针、钩针的名媛闺秀中间像野火般地传布开来了："一个主题，一个主题！"三位娇滴滴的公主互相商量着，直至其中一位转向一位弗里采的先生那里，我记得他是克拉瑞公子的家庭教师，他向我提出了罗西尼的《摩西》中的一个主题。他的提议得到了大家的同意。我做了即兴演奏，而且是那么得心应手，以致赖塞尔将军后来又与我作了长时间的谈话。

这天晚上我作了4次演奏。那些公主要求我在台普里茨多待些日子，明天再去她们那里吃中饭。

肖邦信中提到的那位赖塞尔将军显然非常欣赏肖邦的演奏，他当场为肖邦写了一封介绍信给在德累斯顿的宫廷侍卫长。在这封满纸官腔的法文信里还加上一句德文："肖邦先生是我迄今所认识的最出色的钢琴家之一。"

第二天早晨5时，肖邦动身前往德累斯顿，在那里一直逗留至8月25日。在德累斯顿，他观看了歌德的《浮士德》。这部歌剧已完成好几年，但直至数月前，才在德国的布鲁斯维克首度被搬上舞台。

虽然肖邦所看的歌剧《浮士德》仅限于第一部分，并未演出全剧，而且被弄得支离破碎，但仍留给肖邦深刻的印象。

回到住处后，他在日记上认真地记录观后感，他写道：

我刚看完《浮士德》回来。我在17时便在剧院外头等候，这出剧由18时演至23时，是一出恐怖的幻想剧，但是非常杰出。在幕与幕之间他们演奏了施波尔同名歌剧中的一些选曲。

最后,肖邦经过勒列斯拉夫尔回到了祖国,于9月初到达华沙。第二年11月,肖邦再次离开了华沙。这一走,他就再也没能回来。

这些经历,进一步拓展了他的音乐视野。这次维也纳之行,使肖邦成熟了很多。

决定再次出国

1830年,这是肖邦在波兰度过的最后一年。

从国外归来,肖邦的创作进入了第一个高潮。他的暴风雨般的创作欲望高涨起来,这种欲望使他创作出他的第一批杰作。凡是应该表达的一切,他都信任地托付给钢琴。他的音乐就是他感情的影像。其中凝聚着他对祖国和大自然的热爱,他对民族历史的自豪以及他的忧伤、悲哀和愤懑。

1829年9月12日,肖邦回到了华沙。在1829年剩下的日子里,肖邦专注于创作。

此时的肖邦没有了公开演奏时的压力,因此得以自由自在地探究一些著名的音乐作品,如施波尔的八重奏、贝多芬的《大公》钢琴三重奏、升g小调弦乐四重奏,以及降E大调《告别》钢琴奏鸣曲。这些作品均留给肖邦深刻而长久的印象。

至此,肖邦足以成为一位具有判断鉴赏能力的艺术家。他对贝多芬的尊崇十分明显,因为当时贝多芬的音乐在华沙已逐渐失去大众的青睐。

就某种程度而言,肖邦对芮尼的鼓励十分感激,但在他的作品中却或多或少受到时下较成功、较流行的作曲者的影响，如胡梅尔、莫舍勒斯和考克布雷纳，这几位音乐家不仅无法与受人尊崇的维也纳乐派相提并论，而且与肖邦作品中的创意与诗意相比也还略逊一筹。

就在这几个月当中，肖邦开始着手创作《f小调钢琴协奏曲》。这首作品于次年春天完成。

《f小调钢琴协奏曲》是肖邦第一首重要作品，完全脱离学生时代的影子，至今仍被认为是他一生中最重要的作品。《f小调钢琴协奏曲》的情感特质，在肖邦优雅、贵族般的外表下，那种如诗人般的心怀以及郁积的热情，明白地显现出一种新的感受。

这样狂乱的感情，与肖邦先前作品中的简洁和单纯截然不同。肖邦的信心由此产生。这之后，肖邦在家人面前，显得越来越沉默，反而与他的老友蒂图斯·沃伊奇乔夫斯基有更密切的联系，蒂图斯是肖邦题献《请伸出你的手》变奏曲之人。

这些都显示，肖邦处于相当紧张的压力之下。这期间，他希望能拜访柏林和维也纳或意大利，却无一能实现。

留在华沙，对肖邦的艺术或名声也都没有发展的空间。他说："在这个城市里，我不过像个跟班。"

同年10月3日，在给蒂图斯的信中，肖邦再次表达了自己陷入单相思和事业低迷的苦恼：

> 我想着她，而这些思绪全然表现在我的第二钢琴协奏曲的慢板乐章之中。我寄给你的小圆舞曲，则是今早因她而来的灵感之作，你不会相信，我现在觉得华沙是个多么乏味的地方。
>
> 如果不是因为家人带给我的一些欢乐，我是不会待在

这里的。每天早上找不到人与你分享喜悦和悲伤，是多么忧郁；而加在你身上的压力却无处可卸，是多么可恨。你知道我指的是什么，我常常将我想告诉你的话向钢琴倾述。

肖邦的父亲可能并不知道儿子的这几乎没有前景可言的恋情，但是肖邦对人生显得无精打采，却令他的父亲烦恼和沮丧，他不得不插手儿子的生活。

1829年10月底，尼古拉将儿子送到雷兹威尔王子处，至少表面上转移了肖邦对康斯坦茨娅的思念。雷兹威尔王子的两个女儿都十分喜欢肖邦。

11月14日，肖邦在给蒂图斯的信中说道：

看起来，目前我是身不由已了，我必须待在这里，直至他们要我离开。但我真的很挂念我的工作，尤其是尚未完成的钢琴协奏曲，焦急地等候最后的完成。

它驱策着我放弃这里天堂般的生活。这儿有两名夏娃，年轻的公主，她们非常的友善，具有音乐素养，也很敏感。

肖邦同时指导其中的一名公主汪达习琴。她十分年轻，只有17岁，而且非常漂亮，指导她弹琴真的是件十分愉快的事。

实际上，雷兹威尔王子本身也是一名作曲家和大提琴手。他曾经给肖邦看一部他自己以《浮士德》为主题所创作的歌剧草稿，令肖邦留下极为深刻的印象。

由于肖邦觉得音乐既不需要描述，也不需要标题的帮助，因此不曾有过类似的讨论。他一直觉得音乐是一种艺术形式，通过表演表达最直接的情感与智性的冲击。这是一种保守的看法，但却也没有比这更合理的说法了。

重返华沙，已是初冬时节。肖邦继续创作他的《f小调钢琴协奏曲》，他对康斯坦茨娅的单相思也再次燃起。同时，肖邦也开始留意华沙听众们的要求。

肖邦在维也纳已经有过两次成功的演出，他发觉他在华沙举行第一次重要演出的时间不能再拖延了。

华沙的新闻界曾经谨慎地评价过肖邦的维也纳之行，他们竟然说，从这次行动中看出肖邦对祖国的某种轻视。而他们仅仅用一块儿豆腐块大小的地方报道了肖邦回国的消息，同时也提醒年轻的音乐家不要忘了他真正的祖国在哪里。

本来在维也纳的演出并未获得全面的成功，肖邦的心中就有些苦恼。他怀疑自己是否可以成为一名真正的作曲家，现在，又在华沙挨了这么一通批评，心里就更难受了。不过，他很快想明白了，每种音乐，每种曲子都会有人喜欢，也会有人不喜欢。一个人也是一样，他是不可能获得所有人的喜欢的。

现在，他最想见的人是康斯坦茨娅。她是肖邦最甜蜜的安慰。在维也纳的那段日子里，他信守诺言，每天都给她写了一封信，每天夜里也都能梦见她。于是，他一回国，就到音乐学院的门口去等她。

肖邦站在音乐学院的门口，看着来来往往的年轻学生，他的心里忽然冒出了一个疑问：难道没人趁他不在的时候，向康斯坦茨娅大献殷勤？她现在还能爱他吗？可是，那少女一见到肖邦，就快活得叫了起来，一路猛跑过来，扑进他怀里，紧紧地抱住了他。于是，肖邦的担心顿时烟消云散了。

可是，肖邦很快就又陷入了无聊和苦闷之中。他明显地觉得在华沙很不自在，在这里的前景让他灰心又难受。可是康斯坦茨娅不这样想，她并不向往那种四处旅游、巡回演出、经常举行音乐会的生活。她不理解未婚夫的雄心壮志，她更不明白：肖邦为何非要到国外去？他们在一起，这不就很好吗？难道他还不满足吗？

可是对于肖邦来说，在歌剧院里当个无名演员，或者是在音乐学院做个教师，就这样地终老一生，实在是太可怕了。这种平庸的生活他再也受不了了。

肖邦把自己的想法告诉了老朋友蒂图斯，蒂图斯一边抽着长长的烟斗，一边听肖邦对未来的打算。

肖邦对自己的这位知己再三表达自己的愿望："我不愿意留下来，我得去巴黎，去伦敦，或者去意大利！我一开始都忘记了地中海和意大利，我多么希望可以到罗西尼的故乡去看一看啊！我再也不愿意过这种闲散的日子了。我讨厌这种生活！我现在就想走！"

蒂图斯说："那么，康斯坦茨娅有什么想法呢？"

"我还没敢对她说。"肖邦说。

"可是，这样大的事，你也应该告诉她一声。"蒂图斯提醒肖邦。

一天，肖邦鼓起勇气去见康斯坦茨娅。谁知，正和他担心的一样，姑娘的反应十分强烈。她质问肖邦："什么，你又要走了？说穿了，你就是不想要我了，你不会回来了！"

"不，我一定会回来的。相信我，相信我！我真的会娶你的！你看，我不是已经回来一次了吗？当我下次回来，就向你求婚，好吗？你这次让我去吧！"

康斯坦茨娅平静了一下自己的心情："好吧，你去吧！"说完，她解下了自己头发上的蓝色绒丝带，递给了肖邦，说："你一定要早些回来，我可以等你。"

"好的，我一定回来。不管我在多么远的地方，我的眼前总是浮现出你的模样。我会把你的绒丝带放在心口上的。"肖邦真的把绒丝带放在了心口上,可是他的心早已飞到了国外。

其实,肖邦自己也是一片茫然,他根本不知道自己还会不会回来。也许他预感到了此次出行将会成为永别,他便以各种不同的借口一再地推迟行期。不对最后别离的时候作出决定,是因为他对于这一切有些恐惧。

他那么轻易地离开祖国,投入到了未知的世界,连一点依靠都没有。在那里没有父母,没有老师,也没有朋友,所有的一切都得靠自己,他不知道自己选择的这条路会有什么样的结局等待着他。

1830年3月3日,肖邦在自己住所的客厅开了一个小型音乐会,前来聆听、欣赏的听众都是经过挑选的私人朋友。这场演奏会由波兰作曲家库平斯基担任指挥。库平斯基与爱尔斯那同为华沙歌剧院经理,他们曾经分别指挥过20多部意大利歌剧的演奏。

在这场演奏会中,肖邦成功地演奏了他的《波兰旋律大幻想曲》,其中,包括库平斯基自己的作品以及刚完成的《f小调钢琴协奏曲》。

1830年3月17日,肖邦在华沙国家剧院第一次举行独奏音乐会。他演奏了《f小调协奏曲》和《波兰主题幻想曲》,引起很大轰动。

这场音乐会的门票早在演出前3天便销售一空,未演出已先轰动,可见听众对肖邦的仰慕可谓至极。一名听众在演奏会结束后,深受感动之余,于半夜23时记下了这么一段文字:

> 我刚从肖邦的演奏会返回。在他7岁的时候,当他还只是未来的希望的时候,我便已听过他的演奏。他今晚的演出,真是美好、流畅、独特极了!
>
> 他的音乐充分表达出内心的感情,而且如歌一般,将

听众置于一种微妙的狂喜状态中,带领听众进入他记忆中的快乐源泉。

肖邦对这一次的演出并不满意,然而应观众要求,以及他觉得第二场的音乐会将为他带来真正的成功,于是,在22日再举办一场音乐会。

在这场演出中,肖邦以《克拉科夫回旋曲》取代了《幻想曲》,并采用更强而有力的维也纳钢琴取代自己的钢琴。

同时,在维也纳的哈斯林格实践了他的诺言,于1月出版了肖邦的《伸出你的手》变奏曲,大为提升了肖邦在奥地利和德国音乐界的声望。

民族化的节奏和辉煌的技巧的完美结合立即吸引了听众。虽然他们并不能完全欣赏这个年轻人在协奏曲中取得的纯属音乐上的成功,但分享了音乐中的情感。他们用掌声欢迎肖邦,并深切地感受到他是自己民族的音乐家。

音乐评论家莫赫那茨基对肖邦艺术的民族特点惊叹不已,特意为那部协奏曲在《波兰快报》上撰文。他写道:

> 为了要像肖邦一样用熟练的演奏和天才的作曲把祖国的美丽和纯朴综合起来,必须要有相当的敏感,熟悉我国田野森林的反响,倾听波兰农民的歌曲。

在波兰人的眼中,肖邦开始成为一个民族的作曲家,他们把肖邦视为将来的希望。

埃尔斯纳对他说:"为人民写作吧!"

诗人维特维茨基对他说:"你当然应该成为波兰民歌的奠基人!

我深信你能够做到，而且作为一个波兰民族的作曲家，你将为自己的天才开辟无限丰富的园地，在这片园地上你将获得非凡的声誉。但愿你不断地注意民族性、民族性，再说一遍：民族性。我们有故乡的旋律，就像有故乡的气候一样，山脉、森林、河流和草地都有自己家乡的、内在的语言，你应该是具有自己特色的祖国的作曲家。"

这时，肖邦已经充分注意到自己对整个民族艺术的责任。但是对于一个20岁的青年的柔弱的双肩来说，这责任使他有过于沉重的感觉。

也就是在这时，肖邦即使不是理智地却已经纯粹本能地感觉到对他来说，华沙不是一个合适的地方。

他从音乐会的观众对他的夸奖声中感到有某种格格不入的东西。他在致友人的信中说："我没有用我所希望的风格来即兴演奏，因为那样就不适合这样的听众了。"

他迫切地感到必须为他和他的生活寻找一个较大的活动空间。在当时的条件下，只有在国外才可以较为自由地发展，而波兰，在沙皇的统治下整个民族的文化正受到威胁。

肖邦决定再次出国。

1830年4月，肖邦开始创作《e小调钢琴协奏曲》。这首作品和《f小调钢琴协奏曲》相比，受到较多的争议。

一般认为它不如《f小调钢琴协奏曲》那么细致感人。不过，在其慢板乐章中，康斯坦茨娅的影子依然萦绕不去。

肖邦自己在写给蒂图斯的信中也提道："并不是要弹得很大声，而是应该更有情调、宁静而忧郁；它应该给人一种温柔凝视某处而唤起千百种甜蜜回忆的感觉。那是一种在美丽的春天月光之下的冥想。"

进入夏天，肖邦整天忙于写作新曲。一如往常，他只要有空便去聆听歌剧。

5月和6月间，俄国沙皇为波兰国会举行了开幕式，一些艺术家齐聚华沙，他们的表演令肖邦赞赏不已。

尤其是德国女高音哈丽叶塔·桑提，更令肖邦仰慕，她最早以演唱贝多芬的第九交响曲与《庄严弥撒曲》著称。

人生的痛苦抉择

1830年7月，法国爆发了七月革命，它不仅打击了欧洲反动神圣同盟的封建统治，也对欧洲各国的革命运动起了推动作用。这时，波兰的爱国力量又重新振奋起来，秘密的爱国组织也活跃起来。他们不顾反动当局的逮捕和镇压，正酝酿着新的起义。

一度销声匿迹的秘密组织又活跃起来。在别尔威德尔宫，总督康斯坦丁的住宅的墙上，出现了不知什么人贴的招贴："该住宅于新年时开始出租。"

警察开始进行搜捕，波兰首都的形势越来越紧张了。莫赫那茨基、那别里亚克以及军官雅索茨基、查里夫斯基等人已经组织了起义委员会。

肖邦的父亲大约知道起义即将发生，由于他从事以青年为中心的教育工作，通过经常在他家聚会的朋友们他的消息是灵通的。

正是在这样一种动荡不安的形势下，肖邦的亲人和老师以及朋友们敦促着他出国去深造，并通过他的音乐创作和演奏去为祖国获取荣誉。因为他们了解，如果肖邦不走的话，他会变成怎样的一个"战士"！

肖邦处于激烈的思想斗争之中，爱国心使他想留下，事业心又使他想离去。为此，他写道：

我还在这里，我不能决定起程的日子。我觉得，我离开华沙就永远不会再回到故乡了。我深信，我要和故乡永别。啊！要死在不是出生的地方是多么可悲的事！

我愿意唱出一切为愤怒的和奔放的情感所激发的声音，使我的作品，至少一部分能作为部队所唱的战歌。战歌已绝响，但它们的回声仍将荡漾在多瑙河两岸。

肖邦在华沙的最后几天曾为维特维茨基的词谱写了一首取名《战士》的歌，这支歌为火热的斗争发出了号召：

前进，前进，消灭敌人，
我们要打一场激烈的好仗！

这期间，肖邦和朋友们在一起，每日早出晚归，积极地投身到这场运动中去。

尼古拉夫妇看见肖邦这个状态，劝肖邦说："整日在外面跑，心都跑野了，我们商量，想送你出国学习。"出国学习，自然是肖邦很愿意做的一件事，可是此时他却不想去——争取民族解放的战争就要打响了。

肖邦说："再过一阵子吧！我要和朋友们一起争取到波兰的彻底解放才能离开！"

肖邦父亲说："波兰的解放斗争，是你这瘦弱的体格能参与的吗？等战争结束再走？谁能预料到波兰什么时候才能彻底解放，也许10年，也许几十年，也许要经过几代波兰人的努力才能成功。革命的方式有很多种，你到国外深造，为我们摇旗呐喊，不也是一种革命吗？"

肖邦激动地说："话是这么说，但我还是不能走！"

母亲看见肖邦这样，忧心忡忡地说："肖邦，你看看妈妈的满头白发吧！妈妈已经失去了一个女儿，妈妈不想让你再卷入到这场战争中来，更不想让战争浪费了你宝贵的时间，葬送了你的音乐前程！"

肖邦激动地说："我的前程固然很重要，可是参加这场斗争的热血青年们，哪一个人的前程不重要呢？哪一个人的父母亲情能割舍掉呢？我不能在这个时候离开华沙，我不想让人说我在国难当头的时候，出去找一个安乐窝，找一个避风港湾，我不能让人家把我看成是懦夫！"

听到这里，肖邦的父亲深深地叹了一口气，说："你迟早也是要做父亲的，到时候你就明白我和你妈妈的心情了。我和你妈妈不想失去唯一的儿子。你走之后，你的姐姐你的妹妹还会继续参加革命的，她们上次就参加了，我和你妈妈都没有阻拦，难道这还不够吗？你管别人怎么想啊？你毕竟到那边是有事可做，而不是避乱的！"

话说到这个份上，肖邦彻底软了下来。虽然在心里难以接受，但嘴上不再执拗了。

7月24日，肖邦前去参加康斯坦茨娅的首演。他对康斯坦茨娅那份埋在心中的情愫，再度被唤起。不过，这时候的肖邦已经比较成熟了，可以客观地评论康斯坦茨娅的演出，不再陷入盲目的单相思。

8月，肖邦一家人回到他们的故乡热拉佐瓦·沃拉。

这是他最后一次回到这个安静的角落。在热拉佐瓦·沃拉，当这个青年独自沿着在庭院近旁杨柳树荫下流过的乌特拉塔河徘徊的时候，是否预感到他将要奔向孤独，以致客死他乡，内心因而感觉悲痛？

肖邦靠在庭院的灌木围篱上若有所思地倾听着，有没有一支歌曲从那些茅屋里传出来，可是，他所能听到的只是通常农村特有的那些声音：马的鼻鼾声、狗吠声以及黄昏时的牛叫声。于是他转回庭院，一路上用口哨吹着一个他一时不能定型、因而使他烦恼的曲调。

9月的时候，肖邦已决定离开波兰，展开新的旅程并迈向成功。不过，欧洲政局的不稳定，迫使肖邦不得不放弃或改变他的许多计划。

9月22日，肖邦写信给蒂图斯说道：

我父亲不赞成我出门旅行。因为就在数周前，整个德国动乱四起，但不包括那些已另立国王的地方，像莱茵河区、萨克森区、布鲁斯维克、卡塞尔、达姆施塔特等。

我们也听说，在维也纳有数千名群众因为面粉而起争执。我不知道面粉出了什么问题，但一定有些什么不对。

意大利北部的提洛尔也出现争执，整个意大利好像沸腾起来了，我尚未试着申请通行证。不过，别人告诉我，我只能取得前往奥地利和普鲁士的通行证，至于意大利和法国，是连想都不必想了。

我知道有很多人虽拥有通行证却全都遭到拒绝，我想我也不会例外。

因此，我应该会在这几个星期内，经由克拉科前往维也纳。现在，由于变奏曲的出版，维也纳的听众开始想念我了，我应该把握这个机会。

就在这几周内，肖邦完成了《e小调钢琴协奏曲》，并在1829年10月11日于华沙的市政厅中首演。这也是他最后一次在华沙举行音乐会。

演奏会可谓空前成功。肖邦在第二天写给蒂图斯的信中这样写道：

> 我一点也不紧张，一点也不。我以平常一个人弹奏时的方法演出，结果相当好。

当然，这也包含了肖邦个人的满足感，因为康斯坦茨娅也来了，"她穿着白衣服，发梢戴了玫瑰花"。这个时候，肖邦仍倾心于她，而康斯坦茨娅却完全没有这样的感觉。

一天，肖邦晚上回家后，发现茨弗尼和埃尔斯纳老师都坐在客厅里。

对于埃尔斯纳老师的到来，肖邦没有感到奇怪，因为他们住的地方离得很近，肖邦从音乐学院毕业后，他依然是肖邦家里的常客。

至于茨弗尼老师的到来，肖邦是感到很奇怪的。茨弗尼近年的身体不太好，行动不方便，他是很少露面的。

两位让肖邦尊敬的老师同时出现在自己家里，肖邦想，也许这又是巧合吧！肖邦看到两位老师，很高兴，他激动地和老师谈起国内的现状。

那天的晚餐是特别丰盛的，一向节俭的父母，置办了丰盛的菜肴。肖邦这才明白，大家是来和他告别的，看来，他出国已经成为定局了。

在他要离开祖国前,肖邦全家去他小妹艾米莉娅的墓前作了告别!

在小妹的墓前,肖邦一想到马上要离开家人、离开祖国,便泣不成声。

最后,他的爸爸妈妈用银杯在他小妹墓前取了一小块泥土,要他带在身边,并告诫他说:"记住,这是一杯波兰的泥土!"

1830年11月1日,在华沙的亲人和朋友们,为即将远行的肖邦举行了一个送别晚会。

肖邦首先弹奏了他新创作的乐曲《战士》。这是他为维特维茨基创作《战士》谱写的曲子,这首歌曲描绘了一个战士即将告别亲人,要去为祖国战斗的情景,这首歌曲抒发的也正是当时肖邦自己的心情:

> 时间到了,战马嘶鸣,马蹄不停,
> 再见,母亲父亲姐妹,我将远行。
> 乘风飞驰,扑向敌人,浴血去斗争,
> 我的战马快似旋风,一定能得胜。
> 我的马儿英勇战斗,如果我牺牲,
> 你就独自掉转头来,向故乡飞奔。
> 听,姐妹们在向我呼唤,马儿,停一停,
> 好吧!赶快上路,浴血去斗争!

肖邦创作的这首歌曲高亢有力,乐句中展现了号角的音调和马蹄的节奏,抒发了他青年时代的锐气,刻画了他心中的豪迈气概,他把自己心中燃烧着的悲愤火焰,融入到作品中去了!

而事实上,肖邦远离波兰后,这首高亢的乐曲在祖国广为流传。那时候,他笔下的乐曲,化作战士们铿锵的战斗誓言,激励着波兰人民不惧危险勇猛向前!

晚会上,学生们高唱着埃尔斯纳老师为送别肖邦而唱的一首歌:

你虽然要离开我们的祖国,你的血将仍在这里流淌,
即使你远在他乡,你的心也会和我们欢聚一堂!

肖邦又演奏了《波兰主题幻想曲》,他把自己对祖国沦亡的哀痛,融入这首幻想曲中。这首结构严谨,自由而又富有幻想性的乐曲,每一个句子都饱含着他心中火热的激情和深沉的情怀!

后来,这首幻想曲,成了肖邦一生创作的唯一一首独立的幻想曲,乐曲中既有凯旋式的进行曲,也有动人的悲剧性情节。后来的事实证明,肖邦这首《波兰主题幻想曲》是一首民族史诗性的杰作。

晚会上,肖邦的老师埃尔斯纳还发表了诚挚的讲话,他对肖邦这20年的人生岁月,作了一个小小的总结,他在晚会上激动地说:

作为肖邦的老师和朋友,让我荣幸地宣布,迄今为止,他已经创作了59部音乐作品。肖邦是我们波兰音乐学院的杰出代表,更是波兰人民的骄傲。

随后,埃尔斯纳郑重地把他写给在世界各地朋友的信都装进了肖邦的衣兜里。

埃尔斯纳对肖邦说:"记住,这上面不同地址和不同姓名的人,

都是我的朋友，你可以直接去找他们！"

晚会上，茨弗尼老师更是老泪纵横，肖邦和他长时间拥抱。这个场面，让在场的人都感动得流下了热泪！

几天后，在热拉佐瓦·沃拉，大家又为肖邦举行了最后一次告别仪式，在六弦琴的伴奏下，他最敬爱的老师埃尔斯纳指挥男生合唱队演唱了埃尔斯纳根据德莱舍夫斯基的词所特别创作的歌曲。

肖邦非常感动，他哭了。他最后拥抱和吻别了朋友。祖国的天才的儿子现在成为祖国的艺术在国外的代表了。他了解这个使命的神圣和光荣，他为此而感到骄傲和兴奋。

肖邦把自己爱国者的心、青春和天才的无穷无尽的创造力都带到国外去了，还有他所创作的全部乐曲。此后他将不得不在陌生的环境中，将从记忆中吸取祖国的音响。但是，他有坚强的意志去创造一个新的世界，一个为后代留下了许多珍宝的艺术世界。在这个世界里，他从一个纤弱的青年成为一个巨人。

1830年11月2日，肖邦离开了华沙，离开了他的家人，以及曾让他深深爱慕的康斯坦茨娅。在肖邦即将告别华沙时，康斯坦茨娅在他的纪念册上写下了两段诗句：

转折的关头已经来临，
命运之路你必须前行。
但纵使你走遍天涯海角，
回波兰你也能找到爱与友情。
为保持你的桂冠常青，
你告别了朋友和家庭。
陌生人也许会对你更加尊敬，

但谁也比不上家乡人爱你的一片真心。"

这是一个寒冷而阴暗的早晨，天空云雾弥漫，田野光秃了，荒凉了，败叶从树枝上飘落下来，四周的自然景色都带着一种秋季特有的凄凉。凛冽的寒风更增添了离别的痛苦。

在华沙的郊区，肖邦的老师埃尔斯纳指挥了一首他特别为肖邦而作的清唱剧来为他送行，肖邦的家人站在人群的最前面。

肖邦的母亲叮嘱说："妈妈再也不能照顾你了，出门在外的时候，别忘记身边多带件衣服。"

肖邦的父亲也老泪纵横，他说："到了那里，要先去看医生，把病治好后，再做别的打算！"

面对年过半百的父亲和母亲，肖邦对姐姐露伊斯和妹妹伊莎贝拉说："我不在家里的时候，请姐姐和妹妹替我在父母面前多尽一份孝心！"

姐姐露伊斯和妹妹伊莎贝拉也伤心不已，她们一人抱着肖邦的一只胳膊，和他紧紧相拥。

姐姐露伊斯对肖邦说："我的好弟弟，家里有我们呢！你只管照顾好自己就行了！"

妹妹伊莎贝拉一边抹着眼泪一边说："你要记得给我写信！不要把我忘了哦！"

肖邦点点头说："我知道！"

一番告别之后，肖邦终于登上了离开故乡的马车……第二天，《华沙快报》报道了肖邦出国的消息：

昨天，我们的同胞、音乐演奏大家和作曲家弗雷德里克·肖邦为了出国访问而从华沙出发了。起初他将逗留在卡里什，从那里再赴柏林、德累斯顿、维也纳，然后访问意大利和法国。

报纸引用了一段埃尔斯纳的大合唱的原谱，歌词最后一次对临行的人提及民族作曲家的崇高义务，他必须诚心诚意、始终不渝地履行这个义务。

此时波兰的国内，正酝酿着一场电闪雷鸣般的狂风暴雨！

接受友人的帮助

　　离开华沙，肖邦并没有明确的目的地，也许去柏林，去意大利，去法国。但他想到，去年的维也纳之行，给他打下了很好的基础，于是他想，这一次是不是还去维也纳呢？

　　在普罗斯纳河边，有一座小城叫作卡利兹。肖邦乘坐马车来到了这座小城的时候，他已经疲乏不堪了，可是他忽然看到了一个熟悉的身影，那个虎背熊腰的男士正把行李扔给车夫，他的身影好像非常地熟悉。

　　肖邦激动地喊："蒂图斯，是你吗？"

　　蒂图斯一听见有人在喊自己的名字，就急忙奔过来说："噢，上帝。肖邦，真没想到在这里能遇到你！"

　　正当肖邦陷入孤独中时，见到好友蒂图斯的喜悦，一下子使他从离别的伤痛中解脱出来。肖邦兴奋极了，要是换了任何一个其他的旅伴都不可能让肖邦这样高兴，可是蒂图斯不同，有了他在身边，肖邦就会觉得哪怕有一座高山挡在他的面前，他也能把它推倒。

　　现在，他已经酝酿了几千个大胆的计划，那些维也纳人对他本人，还有对他的音乐才华还是一无所知的。他必须抓紧时间让维也纳的人们了解他，接受他。

因此，他打算举行一些音乐会。不过，这一次一定是要获得酬劳的音乐会，肖邦准备要出版他的作品了。他要接近当代的作曲大家，要在上流社会崭露头角，他决心要实现这一切。

当他把这些打算告诉蒂图斯的时候，他的老朋友真的有些大感不解。以前他认识的那个畏畏缩缩的肖邦，优柔寡断的肖邦哪里去了？眼前的他是个多么有决心又有信心的男人啊！蒂图斯不禁为自己的老朋友高兴起来，他真的成熟了，长大了，再也不像以前那样了。蒂图斯望着这个小伙子，点了点头。

随后，蒂图斯告诉肖邦，他已经做了农场主，有得是闲时间。紧接着，他们约好，途经布莱斯劳和德累斯顿，再一起到欧洲的音乐之都维也纳。

就这样，两个年轻的小伙子结伴而行，一路说说笑笑，他们沿着普罗斯纳河边前行，坐在硬座马车上，一点也感觉不到疲倦！

终于，在一个落日的黄昏，他们到达了布莱斯劳城。肖邦顾不上洗去满身的灰尘，就直奔歌剧院，他去找老师埃尔斯纳的朋友施纳贝尔。

施纳贝尔是这里的管弦乐团的指挥家，他友好地把这两位年轻人送进歌剧院的招待所，并关照这里的老板说："请麻烦你多为他们提供方便，他们是我远道而来的朋友！"

布莱斯劳城市并不是很大，但18世纪的战争中，奥地利和普鲁士为争夺西里西亚，曾在这里签订了合约，因此使布莱斯劳城远近闻名！

当天晚上，肖邦和蒂图斯又被施纳贝尔安排坐在了剧院最好的位置上，观看了罗塞尔的歌剧《阿尔卑斯王》。

罗塞尔是奥地利著名的作曲家，因为他是著名的音乐大师莫扎特的学生，才更加吸引肖邦认真欣赏他的作品。

第二天，肖邦又接连观看了剧院里上演的法国作曲家奥伯贝和德国作曲家文特的歌剧作品。

第三天，肖邦在施纳贝尔的精心安排下，参加了这里的音乐会演出。

像其他欧洲城市一样，布莱斯劳公众的音乐欣赏水平很高，这里的音乐会开得也很频繁。这里的人已经习惯了音乐会上看见一张张新的面孔，对于肖邦的演出，一片热烈的掌声过后，没有多少观众能够品味出里面蕴含的深刻思想，只有施纳贝尔和几位音乐界的行家对肖邦的演奏赞不绝口。

施纳贝尔欣赏肖邦的演奏后由衷地说："肖邦先生，在你的作品里，我找到了别具匠心的和声与新颖的结构形式！"

告别施纳贝尔，肖邦和蒂图斯向第二站德累斯顿进发。

一年前，肖邦曾来过这座都市，他兴奋地向蒂图斯介绍说："德累斯顿是欧洲的名城，是萨克森国王的首府，到那里你就能看到风格古老的和具有欧洲特色的管弦乐队，那里还有欧洲一流的歌剧院！"

一路上，一向热爱音乐的蒂图斯兴奋不已。他们一到德累斯顿，肖邦就急着去拜访一年前在这里结识的女钢琴家佩维尔。

恰巧，这天晚上，佩维尔正在一位贵族家中举行音乐会，她热情地邀请两位远道而来的客人，一同参加音乐会。

在出席这个音乐晚会前，肖邦刻意认真地把自己打扮了一番。他穿上了临行前母亲给他带来的最好的衣服，戴上了最好的礼帽来到晚会的现场。

佩维尔热情地把肖邦介绍给当地的上层人士和音乐界名流，整个晚会上，肖邦和这里的歌剧院指挥拉斯泰利，作曲家、钢琴家柯林格等音乐界名人谈笑风生。

总之，这一天的收获，这一天的见闻，激起了肖邦强烈的创作热情，使他彻夜难眠，他创作了离开华沙后的第一首《小夜曲》。

据后来的学者评价，这首《小夜曲》把肖邦一生的创作生涯，清晰地画了一条分界线！

前面是肖邦在华沙生活的20年，这一时期，他的创作充满了青春的色彩，作品亮丽而富于幻想，是他幸福生活的真实写照。

后面是肖邦离开华沙的生活岁月，他创作的乐曲充满了忧郁之美，他的演奏风格富有悲剧性之美！

在逆境中寻找出路

1830年11月22日，经过布拉格后，肖邦和蒂图斯终于再次抵达维也纳。

在路上走了3个星期之后，他们在一个早晨来到了维也纳。此时的维也纳灰蒙蒙的天空似乎预示着某些不幸的消息。

肖邦立即领着自己的同伴到处找房子。由于两个人的腰包里还有一些钱，他们商量后决定找一所舒服的房子来住。这样的话，肖邦可以生活得很舒心，便会有充足的精力来做其他的事情。

房子很快找好了，接下来肖邦所做的事情就是租一架质地优良的格拉夫钢琴，并且立即来到琴边弹奏起来。如果说肖邦初次拜访维也纳时获得的是鼓励和赞扬，他再次造访的回应无疑是冷漠。

肖邦在社交圈里仍然受到欢迎，但这有什么用呢？因为社交活动对他的经费一点帮助也没有。

他们去拜访的第一个人是一个中学的同学。他和他们一样，也是波兰人。当肖邦提出希望他可以帮助自己的时候，他的脸马上阴沉了下来："什么，你说乌尔费，你来之前怎么不打听一下，他得了肺病，而且一咳嗽就出血，听说十分严重，我觉得他肯定不能接待你们。"

"天啊，真是太倒霉了，怎么会这样呢？那你知道那个批评家布拉赫特卡呢？他原来对我的作品是那样的感兴趣。"肖邦遗憾地说。

"布拉赫特卡去了德国。"

肖邦一听，心中又是一凉："那贝多芬的朋友舒本济格呢？我的首场音乐会他还来参加了呢！"肖邦不肯放弃一丝希望。

他的同学不耐烦地说："他呀，都死了好几个月了。"

蒂图斯不安地听着这份让人失望的名单，用眼角注意着朋友的反应。实在是太难过了，看来，肖邦第一次来维也纳时结识的人，也就是那些他本指望着能够获得帮助的人现在都不在了。蒂图斯看着自己的老朋友，看看他到底有什么办法。

肖邦冷静地说："至少，哈斯林格还在，我们可以去找他。"

等他们告辞出来之后，肖邦肯定地说："我已经把新近作的曲子都寄给他了，他肯定会把它们出版的。"

于是，他们马上去音乐出版商那里。希望这个地方可以给他们一个肯定的回答。

可是，出版商的接待很是小心，好像有很多为难之处，他们立即猜想到了肯定是有一个新的失望在等着他们了。

出版商一脸歉意地说："肖邦先生，真对不起，您最近寄给我的作品，我已经浏览了一下，它们很有意思，只是……"

肖邦有些着急了，他冲上去抓住出版商的手说："可是，您不是已经答应我了吗？您说很快就会出版我的变奏曲的。"

出版商被肖邦缠得没有办法，他委屈地说："您也知道，我们生活在一个混乱的年代，生活很艰难。严肃的音乐简直是不讨人喜欢的。音乐会根本没有多少人问津。今年的潮流是华尔兹。现在很多人都在拼命地写华尔兹，因为销路很好，维也纳的人们都在为华尔兹和约翰·施特劳斯兴奋得发狂。您学学他们的样子，也写一些华尔兹吧！要是您写华尔兹，凭您的才华，肖邦先生，我可以马上就出版的，怎么样？您想想看。"

肖邦一口回绝了出版商的建议。一连串让人灰心失望的事情已经使他的情绪糟糕透了。"您开口华尔兹，闭口华尔兹，可是您不知道，我不是那种会赶时髦的人，我不会为了时代潮流而写一些什么乱七八糟的东西。华尔兹，我根本就不喜欢，所以，我也不会去写，我只写自己喜欢，又感兴趣的东西。"

肖邦准备去看看加伦伯格伯爵。然而出版商的话，再次打击了肖邦，出版商告诉肖邦，加伦伯格已经破产了，前几个月，他带着钱箱，偷偷离开了维也纳。

肖邦掩饰不住一脸的失望，他现在觉得已经无路可走了。

出版商见到肖邦难过的样子，急忙帮他出主意："要不，您去见见杜波尔吧，他是剧院的新经理。"

肖邦谢过了出版商，无精打采地在维也纳的大街上走着。蒂图斯始终陪着肖邦，他的外表虽然平静，可是内心却感到很失望。他相信自己的朋友是个天才，可是，他认为自己的朋友运气太差。

不过他的朋友可不是这样认为的，肖邦还一直拽着他，要他陪自己去剧院，肖邦就是不相信自己的运气会一直这样差，而且还没有个头。

但是，他忘记了莫扎特和贝多芬的一个教训，他们尽管已经是大家了，可是却还是在几年前花了代价才弄明白的，维也纳是世界上最最容易变心、最最靠不住的城市。它可以在一个星期内给你一顶桂冠，也可以让你在最短的时间里蒙受耻辱。是捧你还是贬你完全随着它的意愿。

很快，他们来到了剧院。肖邦对门口的一个人说："对不起，麻烦您通报一声，我想见见你们经理，就说华沙的肖邦先生来了，想见他。"

不久，一个男人匆匆走了出来，说道："肖邦先生，大名鼎鼎！能见到您真的是太高兴了！"

一见到这个经理这样热情，肖邦的心中多多少少感到一丝安慰，他也握住了经理的手说："您好，我去年的时候在这里举行过两场音乐会。"

"是的，是的，我怎么会忘记呢？那可是一次非常成功的音乐会啊，简直都让整个维也纳震惊了。我亲爱的大师，我的剧院完全由你来支配。"

肖邦一听，高兴极了："真的吗？太谢谢您了，可是，我想听听有什么条件。"

"哦，条件和原来的一样，亲爱的先生，和原来的一样。"

一听这话，肖邦的心凉了半截。"这么说是不给酬劳？"

经理装作不好意思地搓搓手说："是这样的，像这样的音乐会是很少有人来听的，根本就不赚钱，所以……"

肖邦气坏了，挽起蒂图斯的胳膊就走了出来，他已经不屑于同这些人打交道了。

当时的维也纳大众以哈布斯堡政权的喜好为风向标，他们喜欢施特劳斯家族或约瑟夫·兰纳所作的圆舞曲，并对幻想曲和以流行歌剧曲调所写成的毫无新意的杂曲十分着迷。

肖邦在写给老师的信中说道："在这里，华尔兹才叫'作品'。"确实，商业远胜于艺术。

维也纳的出版商在商业利润的诱惑下，早就无心于肖邦这种充满诗意的原创音乐。肖邦精致和细腻的钢琴演奏也不具商业上的需求。

有位音乐经纪人劝告肖邦,不要成为一名独奏家,"因为这儿有这么多的杰出钢琴家,你必须要十分突出,才能拥有一切"。

肖邦显然不愿家人为他操心,因此在给家人的信中,假装自己在维也纳的生活十分愉快。

他参加许多贵族举办的晚宴与豪奢的舞会,并和蒂图斯在维也纳的主要街道科尔马克街上找到了落脚处。有3个房间,整个装潢看起来很舒适和豪华典雅。

白天,街道上十分喧闹,还不时传来马蹄和马车"嘎嘎"作响的声音。晚上,一楼的商店打烊后,那些高大的房舍会点上煤油灯,长长的窗子和石刻在灯光照映下,变成一个梦幻和童话般的朦胧世界。

12月22日,就在圣诞节前夕的星期三,肖邦写信给他的家人,告诉他们他现在住在四楼。

对于自己的不如意,肖邦最多轻描淡写地说,就某些方面而言,我很高兴自己在这里,某方面则不尽如人意。然而在给朋友们的信中,浮现的却是一个截然不同的肖邦,沮丧、寂寞和对未来的茫然。

奥地利的京都举行过许多音乐会。也许去听听音乐,可以消除心中的烦恼。于是蒂图斯提议去听音乐会。可是他的老朋友肖邦却失去了信心,他只想去图书馆看看。

蒂图斯不知道怎样才能让这个同伴振作精神,就同意跟着他去了。当他们在一排排的书架中间穿行,闻着古老的纸张和羊皮的气味的时候,肖邦忽然一愣。他刚刚发现了一本精装版的手稿,书脊上用金色的字印着作者的名字,那就是他肖邦的名字。

他一时间有些发晕,不知道该怎么办才好,蒂图斯则高兴地抓起这本书说:"哈哈,这不是你的书吗?"

肖邦还是有些不相信自己的书能够出版,他说:"蒂图斯,你好好看看，不会是同名的人吧？"

可是等到他翻开手稿的时候，他不禁惊叫起来。这本书分明是他根据莫扎特的一段主旋律所作的变奏曲，也正是他交给哈斯林格的那一本！

原来，哈斯林格把它交给了图书馆保管，并且还妥善地处理了有关于出版的事。肖邦兴奋得不知怎么办才好，要不是图书馆里要求安静，他真想抱着自己的老朋友大声地喊叫。

蒂图斯担心事情不会是这样简单的，可是肖邦却不以为然，他是个认命的人，只见他耸耸肩膀，带着一丝嘲笑，对蒂图斯说："这也是一件值得保存的东西呀。这是我出版的第一本手稿呢，老朋友，为我高兴吧！"

一个星期以后，当肖邦和蒂图斯从普拉特散步回来的时候，他们随便走进了一家咖啡馆，但是发现许多人都在看报纸。于是，他们也买了一份报纸，然而，头版一行通栏的大标题把他们惊住了。在华沙竟然发生暴动了！

他们像是被雷击中了一般，马上冲出去打听最新的消息。孕育了如此长久的起义终于在最近爆发了。不过，奥地利当局显然是企图封锁住消息，因为事情都已经发生了一个多星期了。

原来，就在肖邦走后不久，11月29日夜。在华沙爆发了维茨索基和查里夫斯基领导下的"旗手学派"发动的武装起义。

起义者们高呼"自由万岁！暴君该死！"的口号，唱着"波兰军团"的战歌"波兰还没有灭亡！"占领了军火库，武装了群众，并包围了总督康斯坦丁的官邸。

华沙城内枪声不断，火光冲天，那些忠于沙皇的军官和俄国人的走狗死于起义者正义的愤怒中。康斯坦丁只是由于侥幸才得以逃出华沙。

11月30日,华沙全城沉浸在解放的狂喜之中。被奴役的国家的首都,重新宣布自己自由的权利。但起义者与占领军的战斗仍在继续。

这么多天以来,华沙街头不时地响着杂乱而残暴的战斗声。局势变得十分混乱。究竟谁会获得胜利,现在还没有办法知道。

蒂图斯和肖邦颤抖着双手紧紧地握着报纸,回到了住处。他们默默地坐在壁炉的旁边,不说一句话,盯着炉火,还没有从震惊中恢复过来。过了一会儿,蒂图斯站了起来,背着双手,开始来来回回地四处走动,心中的怒气眼看着就要爆发了。

"我再也受不了了,我待不下去了,我们的朋友在为自由而战斗,而我却要扔下他们,在这里舒舒服服地过日子!不行,我要冲到第一线上去,和他们一起战斗。我现在就要走。"说完,蒂图斯就开始收拾东西,准备动身。

这时,肖邦也站了起来,义愤填膺地说:"好的,我也和你一起走!"

"那可不行。"蒂图斯急忙阻止肖邦,"你这个可怜的家伙,天生就不是去当兵打仗的料。你根本过不了苦日子,连稍稍着一点凉就要生病,如果你要是回去了,别人都不用打仗了,只能先救你了。"

肖邦大声辩解说:"你以为我不渴望为祖国而战吗?只有为祖国而战斗,我才会觉得自己是一个有用的人!你让我一个人在这里待着,我也是待不下去啊!我们还是一起回去吧!"

然而,这个时候恰好家里来了一封信,尼古拉在信中告诉他家里人和康斯坦茨娅都平平安安,让他放心。而且还一个劲地劝他不要回华沙去,因为此时的局势十分不稳定,潜伏着巨大的危险,他叮嘱儿子要以学业为重,还要保重自己的身体。本来儿子的身体就十分瘦弱，平日里更要注意保养自己。斗争的方式多种多样，音乐也可以成为一种武器的。

蒂图斯也继续劝肖邦，他说道："你要是去打仗了，我们只能忙着救你了，哪里还有时间自己参加战斗啊！留在这里，写一些华尔兹吧，如果他们需要的话。"

肖邦只好死了回国这条心，于是他帮助朋友捆好了行李，并且送他去火车站。他刚刚与蒂图斯分手道别，就觉得有一股可怕的内疚涌上了心头。他三步并作两步地赶回了住处，匆匆收拾了几件衣服，就往车站跑，可是蒂图斯坐的车早就走远了。

肖邦又租了一辆快车，并告诉了车夫，只要追上前面的那辆车，就赏他一笔丰厚的酒钱。于是，车夫开始拼命地追赶。可是，实在是太迟了。等追到前面的一个车站的时候，他清醒地意识到，自己是在做傻事。于是，他只好心情沉重地返回了住处，坐在那里傻傻地发呆。

对动荡不安的欧洲来说，抗俄事件不过是另一个骚动。每个国家都急于维护自己的主权，并脱离外国势力的统治。

1830年12月18日，沙皇在国会的一次会议上，宣布进行国家革命。12月21日，整个情况一发不可收拾。俄国宣称波兰人的挑衅行为是"可憎的罪行"，并派遣了12万大军由立陶宛进驻镇压。

圣诞节那天，肖邦写了一封长信给简·马图斯扬斯基。在这封信里，都是起伏不定的心情：有内心深处的沮丧，也有对周围事物的快乐描述。

维也纳此时突然成为一个害怕与波兰人亲近的城市。事实上，奥地利在波兰和俄国的战争中，一直保持中立的态度。

肖邦发现自己喜欢独处，这是他第一次没有和家人一起过圣诞节。在他写给简的信中，一开始即充满了迥异于圣诞节欢乐气息的惆怅。

稍后，肖邦又描述了位于维也纳市中心区的圣斯蒂芬教堂的午夜礼拜仪式，以及他望着向东流入黑海的多瑙河上太阳升起的情景。下面几行肖邦继续写着：

> 我应该去巴黎吗？这里的朋友叫我等一下。或者我该回波兰？还是该留在这儿呢？我该结束我的生命吗？停止写信给你吗？请给我一点建议，告诉我该怎么做。

肖邦花了好几天的时间写这封信，到后来也不知为什么，他的沮丧竟然消失了，又开始描述起自己的日常起居。年轻的梦想好像一下子变得遥不可及，而肖邦却无法说服自己面对命运中必然会发生的事情。

在这段消沉的日子里，我们不难想象肖邦的确很难专注于作曲，或成为一位职业钢琴家。

他写了为钢琴和管弦乐而创作的《大波兰舞曲》的草稿，另外还有一首《辉煌大圆舞曲》。这两首作品都受到喜爱跳舞的维也纳大众的欢迎。

虽然如此，肖邦却发现这种音乐根本无法供他们跳舞，而且，虽然当时的音乐反映出一种技巧精湛和洋溢着青春活力的气息，但在风格上却不受个人情感的影响，一如肖邦对他的作品漠不关心一样。

在1831年5月和6月间，肖邦所写的两首作品最能展现慷慨激昂的情感特质，一首是《第一号谐谑曲》；一首是《第一号叙事曲》。

在前一首令人兴奋的谐谑曲中段，肖邦以和声笼罩出一首波兰圣诞歌曲,而动人的后一首叙事曲则是肖邦特别为自己所立下的形式与概念。

19世纪时,有一阵子十分流行将喜欢的曲子取个绰号,因此《第一号叙事曲》又被称为《波兰叙事曲》。

舒曼形容这首作品是肖邦创作中"最棒、最具原创性的作品"。在写给海因利希·多恩的一封信中,舒曼写道,这是肖邦自认最好的一首作品。直至今天,这首曲子仍和昔日一样深受人们的喜爱。

在谐谑曲中运用的波兰民谣,是肖邦直接引用的例子之一。它的旋律取自《摇篮曲,圣婴耶稣》,至今仍在波兰农家流传。

思乡加上想念为波兰的自由在战场上奋战的童年好友们,这样的思绪在肖邦脑海中萦绕不去,同样地也鼓舞了许多波兰诗人们写下无数爱国诗篇。

肖邦试着重建自己的生活,毕竟活在过去的记忆与情绪中对他现在的生活毫无助益。

4月初,他集中精神与意志力准备,4月4日他在著名的雷德滕萨尔剧院举办了一场音乐会。这场演奏会并不成功。海报的宣传简单地写着"肖邦先生——钢琴演奏家"。

在这场演奏会中,他担任了《e小调钢琴协奏曲》的独奏,另外还有几位音乐家参与演出。肖邦确实造成了一些反响,但他上次在维也纳受到的那般欢迎,显然已不复存在。

这次造访维也纳的失败和挫折与种种的不快,使得肖邦最后终于决定离开维也纳,展开新的旅程。

波兰的起义还在进行当中。开始的时候,起义者似乎占了上风。于是民众都产生了巨大的希望。俄罗斯的军人受到了突然袭击,而且攻击又十分猛烈,因此他们有些措手不及。但是他们很快又重新聚集起来,集中力量,有条不紊地重新夺回丢失掉的阵地。

形势十分危急，如果华沙得不到外国力量的支持，不幸的起义者就全都完了。可是，又有谁敢在俄罗斯的领土上威胁它呢？

那些欺软怕硬的欧洲列强宁愿掉过头去，也不愿意去理会那些正义的人们遭到机枪镇压这个残酷得令人痛苦的场景。只有那些法国的正义之士，比如思想家，还有知识分子，对这种可耻的践踏人权的抛弃行为表示了义愤。

可是，他们也无能为力，又没有武装，也帮不上什么忙，更重要的是，没有人愿意为了华沙而献身。因此，爆发军事干涉的希望很快就落空了。

由于华沙起义，维也纳各界人们对于波兰人的态度变得很不友好，肖邦在各种公共场所都听到反波兰的言论。他表面上不动声色，可一回到住所，就在钢琴上苦练。他的朋友们正在出生入死地战斗，他怎么能穿着燕尾服在音乐会上弹琴、鞠躬，向美丽的维也纳女士们感谢她们的喝彩呢！

肖邦孤身一人待在这样一座充满了敌意的城市里，觉得十分痛苦，他每天会按时得到一些消息，而他每次得到消息之后，都要增加几分担心，肖邦觉得自己到了绝望的边缘。他的眼前总是晃动着康斯坦茨娅的美丽身影。

无论是白天还是黑夜，他都会看到她那张面孔。肖邦十分担心她的安危，可是却很久都没有收到她的来信了，也不知道发生了什么事情，会不会是被捕了，会不会是和其他人结婚了。

有一天夜里，他心神不定，就走进了附近的一座教堂。他在昏暗的大厅里一动不动地坐着。想着自己的家人、朋友，特别是华沙的康斯坦茨娅。他神思恍惚之中，觉得耳边响起了声音悲怆的和声。他怀疑自己是精神发生了错乱，觉得自己无论如何都不能放弃音乐，他可以利用音乐为华沙而战斗。

于是，肖邦打起了精神，创作了一部《b小调谐奏曲》，以此来表现他绝望和极其孤独的心境。他还在为自己没有能够参加在那边，在他那诞生的街道上发生的英勇战斗，没有能够死在亲人的身边而生气和后悔。

可是现在，他还必须要在这个城市里生存，他逼迫自己接受大大小小的音乐会的邀请，哪怕是报酬很低的也可以，因为他的钱花光了，这就迫使他要算计着过日子，节衣缩食。

一是因为他不能回家，那儿太危险，而且他也不愿意让年迈的父母亲为自己担心。在写信的时候肖邦也从不愿意诉说生活上的苦恼，只有一次，他写信对父亲说：

> 我要把沙皇给我的戒指卖掉，我不想再留着它，我恨那个把我们的祖国出卖给了别人的家伙。

6月底，他计划离开维也纳，前往巴黎。但是，由于肖邦在法律上是俄国公民，使得他的巴黎之行困难重重，因为巴黎当时是波兰革命流亡人士和难民的避难所，在法国尚有许多企图伺机推翻俄国的人士。

最后，肖邦好不容易获得一纸前往伦敦的通行证，上有"行经巴黎"的附带条款，这就足够了。于是，肖邦沿着多瑙河河谷由西向北行去，前往风景如画的奥地利提洛尔省，首先经过莫扎特的出生地萨尔茨堡，然后抵达慕尼黑。

肖邦在慕尼黑停留了比预定要长的时间，主要原因是他父亲寄给他的钱还没到，与波兰的通信也几乎中断。

停留期间，肖邦在8月28日在爱乐协会音乐厅举办了一场十分成功的音乐会。当天演奏的曲目包括《波兰旋律大幻想曲》以及《e

小调钢琴协奏曲》。这是他离开华沙后，第一场成功的演奏会。

一周后，就在肖邦抵达斯图加特的时候，这份短暂的喜悦立刻被家乡传来的信息打破。

9月7日至8日间，华沙再度沦陷。自11月的革命之后，华沙的紧张情绪急剧上升。波兰人经过勇敢奋战，为维护主权独立，宣告脱离沙皇统治成为一个自由的国家。

俄军再度进逼波兰，沙皇尼古拉一世一共派遣20万大军前往镇压只有4万人的波兰抗暴军，逼得这些人退守华沙为最后据点。没有一个国家真的在乎并支持波兰的革命运动，而卷入与俄国大军的争战之中。

俄军围攻，人民惊慌，暴动四起，而波兰人为着生命与自由而战。在枪炮逼迫下，在1832年2月，波兰再度沦为俄国的一个省。

肖邦得知这个消息的时候十分悲痛，他第一次为心中的愤恨而痛哭流涕。他在这里举目无亲，连个说说心里话的朋友都没有，他只好把这些可恶的日子里每天的焦虑、恐惧还有物质上的匮乏一笔一笔地记在了日记上：

父亲，母亲，孩子们！我最珍爱的一切，你们都在哪里？也许成了尸体？

市郊被破坏，被焚毁了。雅希和维卢希一定在保卫战中阵亡了，我似乎看见马尔采被俘了，索温斯基，这位正直的人落入了这帮坏蛋的手中！上帝啊！你还在——你还在，却不去报仇雪恨！

我那可怜的父亲，他老人家可能正在忍饥挨饿，没有钱为母亲去买面包！也许我的姐妹们已遭这群放荡无羁的恶棍——俄国佬的疯狂蹂躏！帕斯凯维奇，来自莫吉廖夫的这只狗要夺取欧洲最早的君主们的首府?! 俄国佬要成为世界的主宰?

哦,父亲,你晚年等来的是这般欣慰!母亲,受苦受难的温存的母亲,你已经受了小女儿夭折的打击,难道还要等着让俄国佬踏着她的遗骨闯进来欺侮您?噢,波翁泽克墓地!他们尊重她的坟墓了吗?坟墓遭到了践踏,成千的死尸堆满了墓穴,他们烧毁了城市!唉,为什么我连一个俄国佬也不能打死呢!

肖邦胸中燃烧着的悲愤火焰,已经全部凝结在他的作品中了,他把华沙的陷落看作是伟大民族的悲剧。在他这个时期和后来的作品中,可以清楚地看到他在斯图加特时所受到的心灵上的震撼是多么强烈。

他所有的希望都破灭了,他的祖国波兰已经不复存在了。而肖邦也终于病倒了。

在华沙起义期间及失败以后,所有热爱祖国的人们所经历的痛苦,所蒙受的耻辱和所产生的愤怒,这一切,都反映在波兰最优秀的儿女们的作品之中。

这之后,肖邦写下了他的《c小调练习曲》,它成为他第一部12首练习曲的最末一首。据说这首最著名的小品,也就是大家所熟悉的《革命练习曲》,是受到华沙沦陷的事件激发而作,是肖邦强烈的悲剧情感的表达。

肖邦的4首叙事曲都创作在巴黎的全盛时期,其中有的是直接同波兰的民族史诗和民间传说相联系的,如《g小调叙事曲》的创作是直接受到密茨凯维奇的长诗《康德拉·华伦洛德》的启发。

密茨凯维奇这首浪漫主义长诗的中心是一个自我牺牲的爱国英

雄的形象，他为了和祖国的敌人进行斗争而献出了自己的生命。

肖邦把握了为民族献出生命的英雄华伦洛德的深沉、严肃、大无畏的性格以及贯穿整个长诗的紧张的悲剧气氛，将它们体现在严整的奏鸣曲快板乐章的形式之中了。

肖邦的另一部作品《F大调叙事曲》也是取材于密茨凯维奇的作品，民间幻奇叙事诗《希维德什扬卡》。

原诗描写一个负心的少年猎人由于背叛了爱情誓言终于受到了惩罚，被希维德什扬卡仙女拖入湖底。肖邦在这首叙事曲中，没有企图去描绘或暗示原诗的故事情节，而是用高度概括的方法展现了两个相互对立的情境，通过它们之间矛盾冲突的发展来揭示原诗的意境和感情气氛。

正是因为如此，人们才把这两位光辉灿烂的艺术家的创作相提并论，他们共同喊出了受压迫受奴役的波兰民族的愤怒。反抗的声音，即使是发于古之幽情的作品，也总是同现实的感触融合在一起，形成一股汹涌澎湃的民族感情的巨流。

他们以自己的作品向世界庄严宣告：波兰没有灭亡，也永远不会灭亡！

在斯图加特，来给肖邦看病的好心的波兰籍医生劝他："亲爱的，你还是走吧，离开这里吧，您在这里是活不长久的。这样吧，您到巴黎去，您只有去了巴黎才会得救。我在那边认识意大利的大作曲家帕尔，我给您写一封介绍信，准会管用的。只是您必须马上动身，一分钟也不能耽误了。"

肖邦在音乐学院的时候，不止一次地听老师说过作曲家帕尔，老师夸奖他是一个真正的作曲家。肖邦热忱地感谢这个正直的医生，他立即答应医生吃药，好好治疗一下这个咳嗽。有时候他一咳嗽起来，连话都说不下去了。

正在这时候,他出卖沙皇的戒指的钱寄到了。这可真是雪中送炭啊!

他迅速收拾好了自己的行李,上了去往巴黎的第一班火车,他觉得自己总算是逃出了维也纳这个地狱。

肖邦在9月中旬抵达巴黎,并且注定要在这个繁华的都会度过他的后半生,以及生命中最重要的几年。虽然肖邦对他同胞的政治骚动并没有什么兴趣,他在巴黎的日子却如同一名自我放逐者。

就某种意义来说,肖邦其实是回到了早年遭他父亲遗弃的先人的土地上。但肖邦并不知道这些,他的血脉中流着波兰的血统,童年尽是波兰的印象。

而波兰的辉煌传统和音乐上的荣耀,在肖邦的手下,均以一种奇怪而永恒的手法发展出其特定的形式。那个他曾熟悉的波兰已远去,或许永远消失了,在波兰的时光则不朽地存在于肖邦的音乐之中。他的心和想象力使他具有顽强抵抗的精神,同时以永不停歇的音乐表达出一个受压抑民族的灵魂、心情与自尊。

找到人生的方向

1831年9月20日,肖邦到达了巴黎。当时的巴黎,是法国政治、经济、文化的中心,也是全欧洲的文化艺术中心。

肖邦到达巴黎后,给家人的第一封信里说:

> 当坐车途经洛林的时候,我把头从车窗伸出来,看着洛林的土地,我感觉到特别的亲切,这里是爸爸的故乡。有时间我一定会去拜望故园的亲人的。

虽然肖邦一踏上法国的土地,就想到父亲出生的地方洛林去看看。但由于种种原因,他的这个愿望始终也没有实现。

为了节省开支,肖邦租了一套在五楼的小居室。屋子虽然很小,阳光却很充足,这让他感觉很舒适。

这里街道很繁华,肖邦站在新家的阳台上,就可以看到下面川流不息的车马和人群,从这里远望,可以看见种满葡萄的蒙马特尔高地。高地的顶上,有几架风车在秋天的阳光下缓缓地转动。这里安详静谧的景象,简直把肖邦给迷住了。

这里的人性情平和，感情炽烈。这里看不到威风凛凛的豪华马车车队，也没有不时的骚乱和耀武扬威的警察。

巴黎人似乎总是无忧无虑、快快乐乐的，他们不但不隐瞒自己的政治观点，而且还喜欢直接表达自己的政见。在咖啡馆里，经常可以听到巴黎人为自己的政见在激烈地辩论。

在这里，喜欢革命艺术的共和派和青年法兰西的成员，每天穿着红色的背心，来表示自己的政治信仰。而拥护教会权力的卡洛斯派，则穿着蓝色的背心；崇拜圣西门主义的人，则穿着绿色的背心。

如果你看到了穿着长礼服的人，那么他们就是为无产阶级辩护的人。至于那些头上斜戴着折叠的黑色礼帽，引领巴黎时尚的人，一看就知道是花花公子。

对于那些从动荡不安和兵祸连连的中欧来的人来说，这座城市简直就像是人间天堂。

这里的人都很热爱波兰，大多数人都同情波兰人所遭受的沉重压迫。这样，就更让肖邦觉得很温暖。在剧院和音乐厅，许许多多的公共场合，都可以听到人们演奏歌颂起义者的赞歌和《玛祖卡》舞曲，这一切也让肖邦感动。

两个月以后，肖邦在致友人的信中叙述了他对巴黎的最初印象：

这里有最豪华的生活，有最丑恶的行径，有最伟大的慈悲，也有最深重的罪恶。每走一步都可以看到有关医治花柳病的广告。叫喊声、嘈杂声、隆隆声和污秽多到使人难以想象的地步。

但这一切又会消失在这里的沸沸扬扬的人群中，他们都很自在，因为谁也不会过问别人是怎样生活的。

冬天你可以穿得破破烂烂在街上走来走去,也可以出入第一流的交际场所。今天你可以在镶着壁镜、灯光通明的饭店花上32个苏吃一顿最丰盛的午餐,而明天你到别的地方去吃早饭,花上3倍的价钱,得到的却像鸟食一样少。

过了一个月,肖邦又写道:

我不知道是否还有别的什么地方比这里有更多的钢琴家,不知道哪里能比这儿有更多的蠢驴和炫技演奏家。

你要知道,我到这里来没带多少推荐信。马尔法蒂给了我致帕尔的介绍信,我还从维也纳带来几封致编辑们的信,此外便无其他了。

从肖邦的叙述中,我们知道当时他对巴黎的生活还很不习惯,他有点儿不知所措,而且他分明已经敏感地觉察到,要在此地立足,显然要经过一番激烈的竞争。他的一个朋友开玩笑说,为了肖邦的成功,他希望巴黎的无数艺术家中有一半死去。

然而,渐渐地肖邦在这里也感觉到了家庭的温暖。他在所住的地方,遇到了热情而又体贴的接待。

看门的大婶一听见他咳嗽,就会给他送来一碗滚烫的汤。

还有一位同住在一层楼的邻居,她是个年轻漂亮的寡妇,心地十分善良,看到肖邦的柴火很少,屋子里经常冷冰冰的,她就把肖邦叫过去,让他在自己的火炉旁边烤烤火和聊聊天。

大家都对这个年轻的音乐家关怀备至。总之,陌生的巴黎,给了肖邦很好的第一印象,他觉得自己重新看到了希望。

肖邦真的觉得,巴黎是世界上最美的城市。他要一直待下去了。

几个月以后,天气渐渐凉了,于是肖邦就关上了窗户,不再去阳台,开始趴在工作室里工作。他给蒂图斯写了一封信:

  各种欲望都可以在巴黎这座城市里得到满足,你可以自由自在地寻找开心的事情,也可以自由自在地思索你苦恼的事情,更可以自由自在地欢笑。我在这里见到了世界第一流的音乐家,还有世界最大的歌剧院。

  蒂图斯这个肖邦的老朋友一回国之后,就参加了民间的示威游行组织,他巧妙地逃脱了俄罗斯军队的屠杀,又开始经营家庭的产业。他收到了肖邦的信之后,非常高兴。马上给他回信说,波兰的情况还是很不稳定的,要是没有必要的话,就不要回来。待在什么地方,也比待在华沙强得多。家里人和康斯坦茨娅都很好,让肖邦放心。

  提起康斯坦茨娅,肖邦又说,要是她骂他,恨他,就让她骂好了,恨好了。他已经不再爱她了,感情都不存在了,已经没有办法挽回了,还是让她找个好人家,找个好男人嫁了吧!

  近几个星期的不安稍稍缓解以后,肖邦又想到了自己。想到了自己的职业和音乐。可是,他身上的钱已经花光了,经济陷入了困境,他还没有在巴黎立住脚跟,所以也没有办法开音乐会,他没有别的出路,只好又给家里写信求助。

  可是从祖国来的消息大部分都是带有悲哀性质的。沙皇制度正在顽强地根除波兰的文化,华沙的大学和高中都被关闭了,尼古拉失去了最好的地位和收入。

  于是,尼古拉只能在华沙的神学院教书,但是这样一点微薄的收入也不能弥补他们所遭受的损失。

听到儿子的困境，尼古拉很想帮助自己的儿子，可是却感到越来越力不从心。他只好在回信中这样写道：

你才到巴黎不久，人地生疏，还不能让人家看看你的本事，那你就再等一段时间吧，到时候会好起来的。

尼古拉非常担心儿子在异国他乡陷入贫困境地，因为他知道肖邦是一个"过了今天就不知道明天的人"。于是，他又立即为儿子再写了一封信，他在信中写道：

我的孩子，你要记住父亲的话，尽力存一点钱以备不时之需，特别是我们所处的这个时代和社会。这是你最缺少的一种素质，以后要注意培养。

如果你不幸感到了贫穷的时候，你的精神就会大不自在，而且你的艺术也就会枯萎了。

在这种情况下，肖邦曾经想要离开巴黎到伦敦或者是美国去，但就是因为没有路费而没有去成，这也是使他留在巴黎的一个重要原因之一。不过，肖邦很快找到了避难所。在华沙发生暴乱之后，有很多波兰的流亡者都涌到了巴黎，肖邦在这里找到了祖国同胞所赋予的温暖。

在他们当中，肖邦终于又听到久违的波兰语，他可以无拘无束地用母语和他们亲切地交流了。而且他还认识了著名的天才女音乐家德尔芬娜·波托茨卡伯爵夫人和查尔托斯基伯爵等一些人。

肖邦一看到波兰的女音乐家德尔芬娜·波托茨卡伯爵夫人和查尔托斯基伯爵，便急切地问："您们这里有波兰的最新消息吗？"

肖邦希望能从他们那里听到华沙的每一件事的细节，他希望能打听到他的亲人和朋友们的消息。在异乡和波兰同胞促膝交谈，使肖邦又露出了甜蜜的笑容，他渐渐地从维也纳的压抑中解脱出来！

不久，肖邦通过波兰同胞的介绍，开始和巴黎的上流社会交往。他常常被一些贵族举办的沙龙邀请去伴奏，处境逐渐有所好转。在这些贵族的沙龙里，肖邦以他清纯的外形和精湛的琴艺，赢得了大家的好感和尊重。

这时肖邦开始考虑到，自己不应该再往别的地方乱撞了，因为他已经付不起到别处的路费了。令他为难的是他的护照上写着的是"途经巴黎，前往伦敦"。

这就是说，肖邦不能在巴黎逗留太久，否则就是违法的。于是，他硬着头皮去见埃尔斯纳老师的朋友帕尔。帕尔当时已经60多岁了，这位作曲家备受拿破仑的赏识，长期担任宫廷音乐总监，也许是这种宫廷的生活，让他变得有些古怪。

音乐圈里的人都认为他是一位很难接触的人。可这次出乎肖邦的意料，帕尔对这位风度翩翩的年轻人很有好感。

帕尔说："年轻人，你就是大家传得神乎其神的钢琴家肖邦吗？"

肖邦顿时窘得说不出话来。

在随后的谈话中，肖邦发现帕尔的情绪很好，自己心里的胆怯消失了。一老一少两个人相谈甚欢，当谈到帕尔的歌剧在波兰上演的火爆场面时，帕尔开怀大笑。帕尔请他在钢琴前面坐下，让他弹奏一曲。肖邦从容地即兴弹奏起来，不久，这位老人就被肖邦流畅而又细腻的技巧所折服。他自愿充当肖邦的保护人。

于是，肖邦请求帕尔说："尊敬的帕尔先生，这是玛尔法蒂先生写给您的推荐信。我第一次和您相见，就不得不冒昧地相求，我特别需要您的帮助,我很希望自己能留在巴黎学习音乐,但是我的护照只是过境,不能逗留。"

帕尔说:"年轻人,能有留在巴黎开创事业这个想法很好啊!巴黎聚集了全欧洲的艺术名人!这里应该有你的一席之地的。"

帕尔爽快地答应了肖邦这个请求。

随后,帕尔在法国警察的办公室里,查到了肖邦的父亲尼古拉出生于法国洛林的档案,凭借这一点,主管申请居留一事的法国警察总监大人,给了帕尔一个很大的面子,他在肖邦护照的一栏写下了一个批示:

准许弗里德里克·弗朗西斯科·肖邦先生无限期留在法国从事职业!

这也意味着,肖邦放弃了统治波兰人的俄罗斯的国籍,但另一方面也就意味着,肖邦再想回祖国波兰和沙皇再打交道就比登天还难了。

但在当时肖邦的心里,他把沙皇统治波兰的事看成是暂时的,他想到的是波兰马上就会独立,马上就会自由的!这让肖邦很高兴。他第一时间将这个喜事写信告诉父母。

帕尔不但帮助肖邦解决了护照,他还将肖邦介绍给巴黎音乐界的许多著名的音乐前辈,比如罗西尼和凯鲁比尼等。从这个时候起,肖邦开始和巴黎音乐圈里才华横溢的艺人们交往,并结下了真挚的友谊。

在这些音乐家中,肖邦更爱和同龄人来往。在这些人中,肖邦和李斯特是最要好的朋友,彼此一见面,就觉得很投缘!

此外,德国作曲家、钢琴家门德尔松和希勒、法国作曲家柏辽兹、大提琴家弗朗肖姆等，这些朝气蓬勃的年轻人经常和肖邦聚集在一起演奏比试，争论或探讨音乐方面的问题。

在这些人中间，钢琴家兼作曲家卡尔克布雷纳无疑是最令人瞩目的人物。卡尔克布雷纳已经到了而立之年，可是他却偏喜欢弄成时髦青年的样子。他对自己的服装和生活用品等各个方面都非常讲究。

肖邦对他十分敬佩，也很尊重他。肖邦曾经在私下里承认说："我连给他系鞋带都不配。"

肖邦在晚会上听了这位钢琴家的演奏，被他硬挺的身板迷住了。他硬挺的身板与极其灵活的手指形成了鲜明的对比。不过，肖邦倒是觉得他的指法有一些呆滞，尤其是在四分休止和休止的地方更是如此。

一曲听完，肖邦便走上前去向这位大名鼎鼎的前辈致敬，此时他所表现出来的从容与沉着，连他自己都感到吃惊呢！

卡尔克布雷纳看了一眼肖邦，嘴角轻轻动了一下："您好，肖邦先生，你也为大家演奏吧！"

肖邦不害怕被别人比较，更不想退缩。他沉着地弹奏起了《e小调协奏曲》。这首曲子曾经在德国大受欢迎。刚开始的时候，卡尔克布雷纳还冷漠地听着肖邦弹奏，没有什么表情。很快，他的胳膊就支到了钢琴上，入迷地注意着肖邦的演奏技巧。

许久，卡尔克布雷纳说："肖邦先生，我很好奇，请问你是跟菲尔德学过琴吗？"

肖邦说："没有。菲尔德，我只是从课本上看到过他的名字！"

"真奇怪，肖邦先生，我感觉您触键像菲尔德，表演风格又像格拉默。"卡尔克布雷纳说。

"格拉默，我也只是听说过这个大音乐家的名字，而没有机会欣赏到他的精彩演奏！"肖邦老实地回答。

卡尔克布雷纳说："这就奇怪了。您弹奏钢琴有他们两个人的特点。不过，您还需要受一些训练，还需要掌握更多的方法。您属于这样一类的演奏家，心情好的时候，你就能弹得很出色；一旦心情很糟，你就弹得很一般了。您来当我的学生吧！不出3年，我保证会让您成为最伟大的演奏家。您看怎么样，请考虑我的提议吧！"

那天晚上，肖邦急忙写信给父母征求他们的意见，尼古拉接到肖邦的信后，又急忙去问埃尔斯纳老师的意见。埃尔斯纳认为这件事是卡尔克布雷纳在要花样，因为他了解肖邦扎实的基本功和高超的琴技，肖邦如果真的需要学习，也不需要花费3年的时间。

尼古拉听了埃尔斯纳的话后，马上给肖邦回信，在信中，尼古拉这样写道：

> 亲爱的孩子，关于你要向卡尔克布雷纳学习的事，我希望你慎重考虑，你想一想，3年的学习时间是否太长了？我们想到的是你已经过了学习的年龄了，你不要让别人在你最落寞的时候误导你，你要三思啊！

肖邦看过了父亲的信，但是他并不认为卡尔克布雷纳是妄自尊大，他仍然觉得卡尔克布雷纳是善意的，是真心想帮助自己的！

不过他想到华沙被沙皇统治后，父亲失去了工作，失去了收入，这3年的学费他无法支付，所以就没有给卡尔克布雷纳明确的答复。

当肖邦再见到卡尔克布雷纳的时候，没有提到要和他从师学习一事，但他们彼此都保持着一种特别融洽的朋友关系。过了一些时候，卡尔克布雷纳创作了一首《辉煌变奏曲》，他找到肖邦说："我的这首乐曲，来源于肖邦先生您写的一首《玛祖卡》舞曲，我向您表示深深的谢意！"

在巴黎，肖邦就是这样用真诚的友爱之心，去换取别人的理解和信任的。这段时间，肖邦为弥补生活费用，在巴黎开始从事音乐教育事业，他为波兰同胞家里的孩子教授钢琴。

用实力证明自己

1831年10月25日，肖邦接到了远在华沙的埃尔斯纳老师的来信，埃尔斯纳诚恳地在他的信里说：

只要我活在这个世上一天，我就渴望你创作的歌剧诞生，这不仅是为了你自己的名声，更为了施展你的才华，我希望你用歌剧的形式，把波兰的历史表达出来。

埃尔斯纳老师诚挚的勉励话语，使肖邦久久不能平静。要知道，肖邦的性格孤僻内向，他不愿意接触大型的乐队，他也不擅长和乐队合作。创作大型的歌剧，只靠他的一架钢琴是办不到的。

他感觉到，他的灵感只能在他的钢琴独立王国里才能产生共鸣。在他离开华沙之前，他曾经把自己创作思维的局限性坦诚地告诉老师，他发誓说："从今以后我要严格地学习谱曲练习，不辜负老师对我的厚望！"

1832年2月26日，肖邦在巴黎普莱耶尔音乐大厅首次举行了音乐会。

卡尔克布雷纳是这家音乐大厅的股东，由于他出面帮助办理演出筹备工作，使肖邦可以免费在这里举行演出。因此肖邦一直对卡尔克布雷纳心存感激！

为举办这次音乐会，波兰同胞上街为肖邦发宣传单。由于朋友们的大力宣传，这次音乐会座无虚席。

"我要坐在最前排，我要为肖邦先生热烈鼓掌！"帮助筹备演出的李斯特风趣地说。

果真，演出那天，他特意坐在了最前排。

坐在包厢里的巴尔扎克、海涅、德拉克鲁瓦都对肖邦精彩的表演，报以热烈的掌声！

作为德国浪漫派领袖人物之一的作曲家舒曼，大声地向周围的人介绍说："在肖邦的整个乐曲里，能让人读到诗一样的语言。他所弹奏的每一个音符，都是肖邦式的专利！"

当肖邦开始弹奏他的第二首《f小调协奏曲》时，坐在最前排的李斯特小声对身后的观众介绍说："肖邦先生这首《f小调协奏曲》和他创作的《e小调协奏曲》是姐妹篇，都是抒发爱情的乐章！"

这次演出的舞台上，还穿插了其他著名音乐家的演奏。卡尔克布雷纳、李斯特、肖邦和希勒组成4人组，共同演奏了肖邦创作的一首《玛祖卡》。台下的观众屏住呼吸，他们被乐曲里的美妙旋律打动了。在掌声、欢呼声和喝彩声中，肖邦被观众簇拥着，一些人争先恐后地让肖邦签名！

第二天，巴黎最大的《音乐评论》报创刊人费迪斯发表了专门为肖邦音乐会撰写的音乐评论：

从小就被波兰人称为莫扎特第二的神童肖邦，昨天在巴黎音乐大厅成功举行了个人音乐会。

从这位天才钢琴家的身上,从他的乐曲里,我们找到了高贵和委婉;从他那英俊诚实的脸上,我们看到了智慧的光芒。

除此之外,《音乐评论》上还刊登了肖邦大幅的人物画像。

在波兰的尼古拉夫妇从报纸上看到儿子演奏成功的消息,激动得连忙派人把报纸送往茨弗尼和埃尔斯纳两位老师的住处。

那一天,波兰发行的报纸被抢购一空,相识的和不相识的人们都在分享肖邦成功的喜悦!

尼古拉夫妇看完报,正想给肖邦写信,这时邮差送来了肖邦寄来的大礼包。在这个大礼包里,不但装着肖邦送给老师和父母、姐妹、亲友的礼物,还装回了肖邦成功的捷报,这些捷报让肖邦了却了回报亲人的心愿。

一向严谨的父母,并没有因为儿子的成名和在国外寄回的名贵东西而向人炫耀。尼古拉马上写信告诉肖邦说:

不要以为演出成功了,发财了,就可以挥霍,要想到波兰的同胞正忍受着战乱带来的饥饿!

远在巴黎的肖邦从小就在父母的呵护下寝食无忧,金钱观念淡薄,现在箱子里装满了成打的钞票,他住在崇尚奢华的巴黎艺人中间,所以他自然就过起了贵族化的生活。

1833年1月15日,肖邦被接纳为波兰文学协会的成员。他进一步扩大了社交的范围,肖邦除了打入了巴黎的音乐圈外,还结识了作家雨果、巴尔扎克,诗人海涅,画家德拉克鲁瓦等文化艺术界最优秀的人物,肖邦和他们交往,从他们身上又获得了宝贵的艺术营养!

肖邦在到达巴黎以后,就已经进入了上流社会。在一封致友人的信中,他谈到了这一点:

> 我已经进入最上层的社会,坐在大使、公爵和部长们中间。我甚至不知道这是一个什么样的奇迹,因为我本人并未费力去高攀。今天这对我来说最需要,因为据说高雅的趣味是从这里产生的;如果有人在英国或奥地利使馆听到过你的演奏,你马上就会有更大的才能;如果沃德蒙公爵夫人夸奖了你,那你就会演奏得更好。我不得不在"夸奖"两字后面加上一个"了"字,因为那位夫人在一个星期前就去世了。
>
> 我在艺术家中既享有友谊又受到尊敬,闻名遐迩的人物赶在我之前把他们的作品献给我就是这种敬意的证明。例如皮希斯把自己最近谱写的《军乐变奏曲》献给了我。其次,他们根据我的主题谱写变奏曲。我的一首《玛祖卡》舞曲简直使卡尔克布雷纳欣喜若狂。
>
> 音乐学院的学生们,莫汉列斯、黑尔茨和卡尔克布雷纳的学生们,一句话,演技高超的艺术家来请我给他们上课,把我的名字列在菲尔德之下……

渐渐地,肖邦往日苍白的脸变得红润起来,他把长长的头发烫成了漂亮的鬈发,两颊留起了齐齐的鬓角,一双褐色透明的眼睛闪烁着柔和的光芒。他那温文尔雅和风度翩翩的姿态,使法国美丽的贵妇和小姐开始迷恋他。

这时候,肖邦的学生已不局限在波兰同胞的圈子里。许多法国贵族的小姐和夫人都拜他为师。

肖邦的学费已经收到了每小时20法郎，面对如此高昂的学费，李斯特对他说，在巴黎，学费是评价艺人才华和能力的砝码！让他不必担心，尽管照单全收就好了。

有的贵族学生，辞去巴黎音乐学院的课程，找肖邦上课，他们不在意每小时20法郎的学费，因为他们从肖邦那里学到了真正的琴技！

肖邦出入于巴黎的上流社会，与达官贵人们周旋、应酬，他不得不如此。他每天参加两次以上晚间的交际集会，直至深夜。但他心里很清楚，交际场中的浮华的外表和喧闹的气氛，鲜花和掌声，这一切是多么空虚和短暂。

每天深夜回到家里，孤身一人，他就陷入一种悲凉的心境之中。远离祖国，身边没有一个亲人，他只好靠从祖国带来的温暖和储存的力量来摆脱压在他心头的孤独感。他经常处于一种不可调和的矛盾之中。祖国是他真心热爱的地方，但在沙皇统治下的波兰，他的天才不能得到自由的发展；而法国的首都虽然需要他的天才，但也有许多使他感到陌生、感到厌恶、感到害怕的东西。

肖邦思念祖国的森林和田野，思念在华沙的亲人和朋友。当他一个人坐在钢琴前沉思的时候，当他翻阅祖国寄来的珍贵书信的时候，他就陷入了回忆中。

李斯特对肖邦说："祝贺你，肖邦先生，你取得了巴黎音乐史上空前的成功。"

他诚恳地对李斯特说："我成功了，但也无法安慰我满怀的亡国之恨，也无法抚慰我这个流浪者痛苦的心灵！"

相爱分手有礼有节

成名后的肖邦，没有给自己放一小会儿的假休息，他又开始创作新的练习曲、叙事曲、奏鸣曲。肖邦把创作的《b小调谐谑曲》寄回波兰。

这首乐曲充分体现了肖邦对祖国沦亡的悲愤和焦虑的心情。这首有着史诗般气势的乐曲，以不谐和弦开始，好像一位游子在尖叫，在呐喊。乐曲里的愤慨悲痛此起彼伏，体现了作者内心深处的苦闷。

远在波兰的埃尔斯纳评价说："这是一首有着更深刻的思想和宏伟气势的音乐作品！"

这首《b小调谐谑曲》，被巴黎的音乐出版商施莱辛格出版后，畅销整个欧洲市场。这使一些乐谱的出版商一下子发现了肖邦作品具有的商业价值，纷纷向肖邦定购乐曲出版。

莱比锡的布莱科夫，伦敦的马赛特、佩雷坦都愿意发行肖邦的音乐作品。散发着墨香的音乐期刊，从巴黎飞向世界各地，这使肖邦声名鹊起，收入颇丰！

有了经济基础的肖邦，经常给远在华沙的姐姐和妹妹寄些首饰和丝巾等名贵物品。每一次在给家里人选购物品的时候，他都会感觉到，他离亲人很近很近，都能让他思念亲人的心得到抚慰。所以给家里人寄礼品，是肖邦常常认真去做的一件事！

他独自一个人留在公寓的套房里，他现在写了很多的信，尤其是写给波兰亲友的，比如他的几个已经出嫁的姐姐，还有蒂图斯和他的父亲。

父亲和姐妹们都很好，没有什么灾难降临这个美好的家庭。他的父亲是用法文写信过来的，要求肖邦也用法文写回去，以此来锻炼他使用法文的能力。

不过，肖邦也得知了，他原来恋爱的对象康斯坦茨娅因为等肖邦无望，所以就嫁给了一个当地富裕的地主。

肖邦本来以为自己已经不再爱她了，她出不出嫁也不会给自己带来什么影响，可是他没有想到，这个消息竟然是那么强烈地触动了他的心弦，一时间更让肖邦的心中觉得不舒服，也更增添了他的离愁。

正在此时，有一则传言迅速地扩散，而报纸上和匆匆地贴在巴黎街头巷尾的小广告也在大肆宣传，霍乱已经来到了巴黎！这种可怕的瘟疫已经在欧洲的很多地方肆虐开来了。它可以通过一次非常简单的接触，一件被感染的外套，或者是病人用过的各种用具，甚至是被粘满病菌的门把手而快速传播开来。

在这个强光刺眼的酷热的夏天，它就像一片黑色的恐怖，笼罩在这座美丽的城市上空。所有的医院里都已经住满了病人。可是医生们对这种病根本无能为力，他们能做的只是把成千上万的死亡数目计算出来。极度的恐慌引发了很多的骚动，人们连骨肉兄弟、左邻右舍甚至是父母亲都信不过，像防贼一样提防着其他人。每天夜里，人们抬着死尸，扔在那些填满生石灰的土沟里。

在这样的动荡时刻，人心惶惶，王室决定留在巴黎，以安定人心。可是有一天，首相卡齐米尔·佩里埃在视察一家医院的时候受了感染，不幸染上了这种瘟疫。这流行病是不会对任何人网开一面的，不论他是位高权重的贵族，还是一无所有的穷人。

肖邦的朋友还有保护人，无论是贵族、音乐家，还是其他的艺人，都跑得远远的。可是肖邦却不想离开，每天无所事事地看看窗外的一辆辆灵车经过。他很为这些死去的人们感到难过，可是他根本帮不上什么忙。他所能做的只是每天待在家里一遍一遍地弹奏钢琴，或是写一些曲子。

现在他已经成了受人敬重的名人了，他的作品也终于得到了出版，甚至在维也纳也是这样！

舒曼在他的音乐杂志上感叹地说："先生们，摘下帽子致敬吧，他真的是一个天才！"可是现在，这一切又有什么用呢？

这座美丽的城市似乎是遭受了神的惩罚。人越来越少，有的是死去了，更多的是逃亡了。在这空空荡荡的京都里，肖邦最害怕的倒不是疾病，而是贫困。艺术家是不可以缺少物质基础的，缺少了物质基础，头脑中的灵感也会随之被抽空。这正是所有的艺术家最担心的一件事。

有一天，肖邦对李斯特说："我看你家附近的昂丹河堤路比较安静，我想做您的邻居！"

于是，李斯特帮助肖邦在自己家附近买了一套满意的住宅和一架新的昂贵的"普雷耶尔"牌钢琴。

这时的肖邦，穿戴很考究，衬衣、帽子都是名牌。洁白的手套，精美的饰物，戴在他秀气的手指间，让人领略到他性格中的清纯和柔美。

肖邦的手套成打成打地买，一时间使巴黎贵族中间兴起了一个"白手套热"。人们都喜欢戴上和肖邦一样的洁白手套参加音乐会，感觉到自己和肖邦离得很近！

肖邦在巴黎的名望越来越高，各剧院的老板都想和肖邦签订举行音乐会的合同。但这时的肖邦清楚地想到，他作品里的轻柔风格，不适合让他在大型的音乐大厅演奏，他作品里弥漫着浓厚的沙龙气息，让他更喜欢贵族的沙龙气氛。

肖邦每天在巴黎的上流社会里，周旋在达官贵人之间，常常忙到深夜。肖邦和舒曼、门德尔松、李斯特等一些青史留名的音乐家友好相处，朋友们都关爱着他这颗冉冉升起的新星！

每当夜深人静的时候，肖邦的心就陷入了孤独悲凉之中，在华沙度过的快乐时光，时时浮现在他的脑海。

肖邦靠阅读祖国亲人的来信摆脱寂寞，他靠追忆在波兰的幸福时光，来安抚自己悲凉的心境！

巴黎是音乐人才的聚集地，肖邦当时经常有机会观摩到在这里居住的欧洲一流钢琴家的演出。

渐渐地，肖邦适应了频繁的交际场合，他在巴黎的崇拜者大多数是美貌风雅的贵族女人。不论在什么场合，这些贵族的女人们都希望得到肖邦的青睐。

这时的肖邦，也非常喜欢被美丽的姑娘和贵妇们簇拥在鲜花丛中交谈，这或许是他性格里的女人气让他更喜欢和女人交往的缘故，他的一举一动，都体现了风流倜傥的艺人风度。

一天晚上，在一个贵族的沙龙里，肖邦把一首新作的《玛祖卡》演奏完毕，喜欢宁静的他独自走到大厅的一个角落里，正欣赏别的艺术家的演奏。

这时他发现一双深蓝色的眼睛正在盯着自己。本来就很腼腆的肖邦，只好有意地回避，他低下头故作镇静。

肖邦没有想到，这位女人却径直走向他，说："肖邦先生，我是苔尔芬娜，我想跟您学琴！"

苔尔芬娜的确是晚会中最美丽的女人。她端庄秀丽，气质优雅。深蓝色的眼睛就像是两汪潭水一般清澈。她读书很多，也爱好诗歌，但是她修养最高的还是在音乐方面。并且，她会弹琴，会作曲，还经常用美妙的歌声为朋友们演唱，让人倾倒。尽管她已经嫁人了，但是在巴黎，她却被公认为是最妖媚动人的美女之一。

苔尔芬娜大方地坐在了肖邦的身边。肖邦不好拒绝，他们刚一谈好学习的时间和地点，苔尔芬娜就被她的追随者请去跳舞了。

这时，罗马的作曲家柏辽兹走向肖邦说："您知道吗？苔尔芬娜已经和她的丈夫协议离婚了。"

肖邦很喜欢听柏辽兹诙谐幽默的讲话，柏辽兹告诉他说，苔尔芬娜18岁时，就和比自己大7岁的波托茨卡伯爵结婚了，可婚后感情一直不好，终于在不久前解除了婚姻关系。

不久，肖邦又多了一位漂亮的学生，那就是苔尔芬娜。肖邦发现，苔尔芬娜不但琴弹得非常好，而且还有很深的文学修养，还天生一副美妙的歌喉。

终于有一天，苔尔芬娜说："第一次看见您弹奏，我就在心里悄悄爱上了您！"

但在公开的社交场合，肖邦和苔尔芬娜依然保持着朋友关系，他称呼她"苔尔芬娜女士"。

苔尔芬娜也理解肖邦的矜持，她也极力帮助肖邦保住在崇拜者心中的绅士风度，尊敬地称他"肖邦先生"。

在1832年年底，肖邦的姐姐露伊斯来信说：

> 我将与我的同学卡·吉德尔泽耶维茨在圣诞节那天，在热拉佐瓦·沃拉举行我们的婚礼！

肖邦接到这封家信后,为自己不能亲自回波兰参加姐姐的婚礼而遗憾,他把一首新的《玛祖卡》献给姐姐和姐夫作为新婚贺礼。

在圣诞节那天,61岁的尼古拉走进教堂参加女儿的婚礼。

这里是25年前他和尤丝迪雅举行婚礼的地方,这里也是肖邦接受洗礼的地方,如今又有一对新人在这里走进婚姻的殿堂,他衷心向女儿和女婿表示自己的祝福!

从教堂里回来,尼古拉欣然提笔写信给儿子商量他的终身大事,他在信中写道:

> 亲爱的孩子,你姐姐已经和华沙农学院的法律教授卡·吉德尔泽耶维茨完婚了,你妹妹也有了自己的男朋友,肖邦,你要努力哟!爸爸老了,很想看见你尽快成家。

肖邦接到这封信后,他没有考虑太多,就把自己正处于热恋的女朋友告诉家人。

肖邦和苔尔芬娜相处的日子,让肖邦感觉到很高兴,肖邦在苔尔芬娜的客厅里创作新的乐曲,其中包括最著名的《黑键》练习曲。

这首乐曲的弹奏,大部分是在钢琴的黑键上完成的,故而得名《黑键》,这又是一首宏伟有力的乐曲,里面充满了诗情画意般的色彩,充满了温柔和细腻的情感。

肖邦的崇拜者形容这首乐曲是肖邦描绘他热恋情人的一幅音乐肖像!

虽然在肖邦和苔尔芬娜之间有着说不完的音乐话题,但苔尔芬娜不久和前夫复婚了。她和肖邦之间的爱情,没有一个完美的结局。

1836 年，他们静静地分手了。

肖邦把他出版的《f 小调协奏曲》题名献给她，作为一种离别的纪念！

1849 年，当肖邦处在弥留之际，苔尔芬娜来到了他的病榻前，含着热泪为肖邦唱歌，她的声音哽咽着，歌声像一只受了伤的百灵鸟在哀鸣，令肖邦心碎。

和父母见面尽孝心

转眼间,肖邦离家已经5年了,肖邦非常想念家里的亲人。

肖邦姐姐来信说,你的小外甥已经能够从照片上认出他的舅舅啦!

这更加重了肖邦想回家里看看的想法,他在给家人的信里这样写道:

在我的心里,有一个心愿迫使我急切地想和家人团聚一次,可是一想到自己没有办理俄罗斯的延期护照,我是无法回祖国波兰的,正像你们说的那样,俄国的小官吏是不会放过我的!

也正如肖邦自己说的那样,由于肖邦经常把一些与俄罗斯人唱着反调的乐曲寄回波兰,他被定为在巴黎支持起义的流亡者,他的名字早已被沙俄记录在当局的黑名单上。

为了能圆和父母家人见面的梦,肖邦冥思苦想后,他在信里又诚恳地写道:

但是，我真的很想念你们啊，这样吧，我觉得爸爸可以以身体不好为理由，申请去国外疗养，这样一来我们全家就可以在相距两地之间的第三个城市见面了。

很快肖邦接到父亲的回信。上面说，我和你妈妈已经动身前往卡斯巴德，8月15日，我们将到达，让我们约好在波希米亚的温泉疗养院见面团聚吧！

肖邦一想到马上就要见到父母了，他兴奋极了，匆匆忙忙跳上了赶往卡斯巴德的驿车。经过9天的颠簸，来到了这个温泉小城。

肖邦的学生图斯伯爵正好也在这里度假，他在图斯父子住的旅店里匆匆地洗漱了一下，便和朋友们四处寻找从波兰来的父母。

卡斯巴德果然是座名不虚传的旅游胜地，街面上到处是豪华的别墅和旅店。从熙熙攘攘的游人中，肖邦看见欧洲一些国家的王公贵族也在这里避暑。

肖邦查遍了外事局编制的游客名单，也找不到父母的名字。他拖着疲惫不堪的身体，一家旅店挨着一家旅店地查找。他对每一个旅店办理登记的人都尊敬地说："劳驾您帮助查一查，有没有从波兰来的尼古拉夫妇住在您这里，麻烦您查得仔细一点！"

功夫不负有心人，凌晨4时，肖邦在朋友的陪同下，终于在温泉浴池对面的金玫瑰旅店里查到了他父母登记的名字。

肖邦激动地敲开了父母房间的门。尼古拉夫妇从睡梦中惊醒后，听到门外儿子熟悉的话语声，飞快地穿好衣服，尼古拉手举蜡烛，迅速打开了房门。

分别5年后，肖邦和父母终于见面了。他们3人拥在一起，都流下了喜悦的泪水。

肖邦把行李搬到了父母住的金玫瑰旅店，关上门和父母尽情享受这来之不易的天伦之乐！

肖邦在与父母相聚的日子里，当然还会思念远在华沙的姐妹，他在给她们寄回的信里写道：

> 在这段我和父母相聚的日子里，我感觉到我们住在天堂里，天是那么的高，水是那么的蓝，朋友是那么的友爱，我是那么的幸福！
>
> 我陪父母到这里的名胜古迹游览，使我很自然地想到在故园时，我们姐弟在乡下度假的快乐时光；使我想起我们办的报纸，想起许许多多难以忘怀的往事！

在与父母团聚的日子里，肖邦寸步也没离开过父母，他和父母到处游览，他的朋友也争着邀请肖邦的父母去家中做客，肖邦把自己在这几年里创作的乐曲一首首弹给父母听。

欢聚的日子过得很快，转眼间就要离别了。肖邦泪流满面，他把自己的钱包塞给父母说："爸爸妈妈，这是给你们的。"

父母又把钱包塞给他说："你自己也要存点钱的，特别是现在这个非常时期。"

尼古拉夫妇乘坐的驿车渐渐地远去了，朋友们知道肖邦心里难过，都不敢接近他。

把悲伤埋在心里

1835年9月24日的清晨,肖邦返回巴黎。肖邦的这次出游,没有透露给任何朋友。因为怕消息传到波兰后,对他的父母不利。

当他一个人静静地返回巴黎的住所时,他很想大睡一觉,可是看门的女仆却给了他一沓信件。

肖邦想看看有没有家人的信,可无意中却发现一封寄自日内瓦的信。望着信封上娟秀的字,肖邦想:那里我并没有亲友啊,是谁寄来的呢?

肖邦拆开信,看到信的署名是:"玛丽娅·斯卡伯克"。

肖邦一下子就想起了童年时斯卡伯克伯爵家的小女孩,耳边响起了小女孩银铃般的笑声。肖邦的兴趣马上高涨起来。

他在玛丽娅的信里得知,伯爵夫人一家早在一年前就已搬来瑞士居住,他们早就知道肖邦已经成为巴黎著名的钢琴演奏大师,可是最近他们才找到肖邦在巴黎的准确通信地址。

玛丽娅在信里诚恳地说:"我现在就读于日内瓦大学音乐系,我很想得到您的帮助,我妈妈更想念她的第四个儿子,我们全家都希望您来做客!"

肖邦激动地看着玛丽娅的信,他仔仔细细地读着每一句话,每一个字,他感觉到有一股暖流涌上他的心头,让他感觉到很温暖。他不顾旅途疲劳,立刻给玛丽娅写了回信:

亲爱的玛丽娅妹妹:

请代我向尊敬的伯爵夫妇及全家人问好!

近日,我和我的父母在卡斯巴德相聚了,如果我动身前接到你的来信,我早就陪父母去拜望你们全家了,在我们心中永远铭记着伯爵夫妇的恩惠,你们是我们在这个世界上的亲人!

在我还没有从和父母短暂的相聚又痛苦的离别中解脱出来时,我接到你的来信,让我感觉到很温暖,让我想到在异乡还有亲人陪伴我。

请转告伯爵夫妇,我马上就会去看望他们!

肖邦

不久,肖邦去看望了斯卡伯克伯爵一家,他在那里度过了愉快的一周。

肖邦为伯爵家里的每个人都精心准备了一份礼物。当肖邦再次见到玛丽娅时,他惊喜地发现,玛丽娅长得端庄秀丽,浑身都充满着青春的魅力!她已经16岁了,出落得亭亭玉立。

肖邦早已是巴黎的名人,他所到之处都追随着一些爱慕者。在玛丽娅家的客厅里,坐满了伯爵家的朋友,他们都想一睹肖邦的演奏风采，他们热烈地请肖邦即兴表演乐曲。

玛丽娅把肖邦引向钢琴的座位，他被玛丽娅天真烂漫的模样所感染。他在钢琴上兴奋地弹奏着，他的嘴里随着乐曲，不断地模仿出各种声音来。他精彩的琴技表演，和他风趣幽默的面部表情，让伯爵夫人开怀大笑。

在伯爵夫人家里，肖邦过得很愉快，自己童年一次次去乡下度假，一次次和伯爵夫人家相处的甜蜜日子，又涌现在他的心头！

更让肖邦感到高兴的是，在伯爵夫人家里，他可以每餐都吃上波兰风味的饭菜，他们用波兰语交谈着祖国的事情。伯爵夫人家里用的物品都是从波兰运来的，这些都让肖邦感觉很亲切，让他感受到一种回家才能感受到的温暖！

玛丽娅从小就接受了文学、绘画、钢琴等方面的教育。在小时候，她就认为肖邦是值得学习的偶像，这次能有机会和肖邦见面，便总想跟他学到更多的琴技。

而肖邦通过几天和玛丽娅的接触，他又看到了典型的波兰贵族少女的美，感到了前所未有的震撼！

一天，玛丽娅正在弹琴时，肖邦激动地说："你弹琴的姿态很像我妈妈，眼睛长得也像我妈妈！"

玛丽娅停止了弹奏，她安慰肖邦说："以后你想家的时候，可以到我家里来的，我母亲是很喜欢她的第四个儿子的！"

从伯爵夫人家里回到巴黎，肖邦又接到了玛丽娅写来的第二封信，信中写道：

> 那天送你回来，我发现你的铅笔落在了我的钢琴上，

我急匆匆跑去驿站追你，可你已经远去了，我只好揣着还带有你体温的笔，静静地期待我们的下一次相逢。

肖邦读着玛丽娅充满稚气的纯真话语，他马上给玛丽娅回信，并寄去了一首他新创作的乐曲《降A大调圆舞曲》，并且在乐曲上清楚地写着："献给玛丽娅小姐！"

1836年的夏天，肖邦得知玛丽娅全家到马里恩马德度假，他立刻也去了这个温泉疗养地，并同玛丽娅一家同住在白天鹅旅店里。

一天，玛丽娅同几位年轻人聚集在肖邦的房间里，这几天肖邦身体很虚弱，不停地咳嗽，屋子里的几个年轻人都在围着他转。

玛丽娅坐在房间的一个角落里，拿着画板，小心地勾勒着肖邦的画像。她的一举一动都被肖邦看得一清二楚。

当玛丽娅把肖邦的这幅肖像画完后，她从桌子上的花瓶里，取出了一束花走向肖邦，把花和画像都送到了正卧床休息的肖邦手里，她红着脸说："大画家，请指教。"

肖邦看了一眼画像，说："嗯！还不错。"他马上从床上坐起来，走到钢琴前，弹了那首他为玛丽娅写的乐曲！

肖邦和玛丽娅的一举一动，被玛丽娅的哥哥看得清清楚楚，他和另外几个年轻人都知趣地离开了肖邦的房间。

一个月的假期就要结束了，在分别前一天的晚上，肖邦和玛丽娅手拉手走进伯爵夫人房间。

在伯爵夫人面前，肖邦认真地说："尊敬的夫人，我很爱您的小女儿，我们的爱情，希望能得到您的恩准！"

其实伯爵夫人早就察觉到了发生在这两个年轻人心里的故事，她说："我祝福你们，我亲爱的孩子，不过这门婚事，必须得到伯爵的同意！"

玛丽娅和肖邦借鸿雁传情，频繁的书信来往，使他们之间的情谊更加深厚！

斯卡伯克伯爵在世界各地都有产业，难得有时间回来度假，伯爵夫人把肖邦和小女儿玛丽娅热恋的事向伯爵讲了，伯爵生硬地说："我听说那个弹钢琴的肖邦，不是病得很重吗？"

伯爵夫人说："前段时间，他是咳嗽得很厉害，可并没有像传说中病得那么严重。"

伯爵生硬地说："你忘记了尼古拉家的小女儿是怎么死的吗？你就忍心拿自己女儿一生的幸福作为赌注吗？"

伯爵夫人听了伯爵如此严厉的话，不由得犹豫起来，伯爵接着说："的确，肖邦家族和我们很友好，我也很欣赏他在音乐方面的天赋，玛丽娅还小，考虑问题不全面，可是我们做家长的，不能不给她把关啊！从现在起，让他们不要再来往了！"

后来，玛丽娅听到父母的劝慰后，哭着写信给肖邦，把父亲的话原原本本地告诉了肖邦。渐渐地肖邦发现玛丽娅写给他的信减少了，信里的激情也越来越淡了。

肖邦一想到自己没完没了的咳嗽和玛丽娅父母的顾虑，他清醒地告诉自己说：好吧！都怪我自己，我也不想拖累别人。

那段时间，巴黎的媒体把肖邦的病说得很厉害，就连远在波兰的尼古拉夫妇也都听到了这个传说。在给肖邦的信里，尼古拉夫妇忐忑不安地说："没有收到你回信的日子，你是想不到我们是如何焦急地等待和盼望得到你的消息的，因为3个星期以来，传说你病得很危险!"

　　肖邦一生唯一一次求婚就这样结束了。他坐在钢琴前弹奏他送给玛丽娅的乐曲《降A大调圆舞曲》。

　　肖邦死后，人们在他遗留的文件中找到一封给玛利娅的书信。上面写着"我的悲痛"，这4个字最简洁地表明了他所忍受的内心的痛苦！

　　失败震撼了他的心。他认识到或者至少是感觉到，他把波兰的贵族理想化了，于是他受到了残酷的惩罚。

在逆境中恋爱创作

1836年冬,刚与玛丽娅断绝来往,肖邦整个人都陷入了极其萎靡的状态,好友李斯特千方百计地帮助他摆脱这种困境,他常常主动约肖邦来他家里做客。

渐渐地,肖邦觉得自己的寂寞孤独也只有在李斯特的家里才能排遣,他开始频繁地出现在李斯特的聚会上。

在李斯特家里,肖邦认识了女作家乔治·桑,当时,她32岁。早在1832年,乔治·桑创作了《安蒂亚娜》和《瓦朗丁》这两部反响强烈的小说,已蜚声法国的文坛。

肖邦早就拜读过她的作品,感觉到她笔下的人物有着与众不同的生活习惯和爱情观念。然而,第一次见到这位比自己大几岁的女作家时,肖邦并没有对她留下什么好印象。

肖邦心目中的女人形象,来源于他母亲的影响。他曾经热恋过的康斯坦茨娅、苔尔芬娜、玛丽娅身上都不同程度地拥有类似他母亲的美丽温柔和庄重贤淑。

而乔治·桑常常一身男装,爱戴男式的帽子,爱大口大口地吸雪茄,旁若无人地吞云吐雾。爱跷起二郎腿,走起路来,把地板踩得"咯吱咯吱"的响。

第一次见到这位大名鼎鼎的作家时,肖邦很反感,他对李斯特说:"女人吸烟这一条就让人够受的了,我怀疑,她真的是女人吗?"

李斯特的夫人玛莉和乔治·桑以前曾同住在一套公寓里。李斯特和乔治·桑已交往多年,他被肖邦的话逗得哈哈大笑。

初次见面后,乔治·桑邀请李斯特和肖邦去她的诺罕庄园做客,李斯特和夫人玛莉欣然前往,可肖邦却没有接受这个邀请。

1837年5月,在李斯特家里,肖邦又遇见了乔治·桑。那天肖邦神色忧郁地弹奏了一首即兴曲。

坐在圈椅里的乔治·桑注视着肖邦的脸,她对身边的李斯特说:"我很理解波兰人的心情,我更能理解肖邦先生心里的哀愁和悲痛!"

后来,李斯特悄悄地把这番话告诉了肖邦。肖邦这才开始对乔治·桑渐渐地有了好感。

1838年3月1日,肖邦迎来了28岁的生日,和肖邦交往的许多名人都来祝贺。在肖邦的生日舞会上,乔治·桑把自己在报纸上发表的呼吁妇女社会地位的文章读给肖邦听。她还把自己新出版的两部小说《莫普拉》和《制作镶嵌画的师傅们》送给肖邦。

不久,肖邦成了乔治·桑新的情人。乔治·桑这个特殊的女人,自从和肖邦相处后,面对经常被病痛折磨得很痛苦的肖邦,她给予了肖邦无微不至的关爱。

肖邦在生活上自理能力很差,下顿吃什么,该穿哪件衣服了,明天做什么,这些细小的事情,都被乔治·桑处理得井井有条。

从此,乔治·桑和肖邦频繁结伴出现在音乐沙龙和上层社会的交际场合。他们还是保持着谨慎的态度,乔治·桑每晚都在奋笔勤耕,肖邦也和往常一样,弹琴和给学生们上课。

和乔治·桑交往后,肖邦创作了《摇篮曲》《夜曲》和24首

《前奏曲》等音乐作品。

　　肖邦无数次生病，每次乔治·桑都给他请回最好的医生，给他买回最好的药。病好后的肖邦，创作了酝酿已久的《葬礼奏鸣曲》。这首奏鸣曲是肖邦为华沙起义失败、为祖国沦亡写的一首哀歌。整首乐曲的旋律都充满了悲痛，低沉的和弦伴奏有如在敲着丧钟。

　　1839年6月，肖邦第一次到乔治·桑巴黎郊区的诺罕庄园休养，乔治·桑说："这座漂亮的乡村别墅，是祖母留给我的！"

　　在这个庄园里，乔治·桑一下子从女作家转到了女庄主的角色，她把庄园里大大小小的事情处理得有条不紊。每日三餐，她都亲自下厨，换着花样做出可口的饭菜。然后把饭菜端到肖邦面前，让肖邦享受到了有规律的家庭生活。

　　从此，每到度假时期肖邦都要随乔治·桑在庄园里住上4个多月。就这样，在他们相爱的日子里，肖邦和乔治·桑辗转在巴黎和诺罕庄园之间。

　　一天上午，肖邦正在大厅里弹琴，乔治·桑在一旁写她的小说，小狗懒洋洋地趴在地毯上。忽然，太阳出来了，阳光透过纱窗，照在地毯上。

　　小狗见到阳光，一下子兴奋起来。它很快站起来，舔舔身上的毛。阳光把它的身影照在地毯上，它用爪子去抓自己的影子，见抓不到，又无聊地坐下来。

　　突然间，小狗似乎对自己的尾巴产生了浓厚的兴趣，不断地蜷缩着身子，用嘴去咬自己的尾巴。可是它还太小，尾巴也太短，每次它都不能很准确地咬住尾巴，但是，它一点也不气馁，仍然拼命去追逐自己的尾巴。

　　小狗的动作很敏捷，为了咬住尾巴，它整个身子都缩成毛茸茸的一团，那个样子非常可爱。

小狗把乔治·桑逗得哈哈大笑，乔治·桑对肖邦说："看见了吗？肖邦，你看它多可爱呀！你能把它现在这个样子通过钢琴表现出来吗？"

肖邦回答："看见了，这倒是个好主意，让我试试吧！"说着，他便在琴键上弹了起来，试着弹了几个调性，灵感一下子来了。

肖邦用平滑流畅的指尖接触琴键，不一会儿，这首曲子很快就完成了。这就是著名的《小狗圆舞曲》。

1841年4月26日，肖邦在巴黎普莱耶尔音乐大厅举行了一场音乐会，演出会场，彩灯高悬，红毡铺地，台下坐满了社会名流和贵族阶层人士，更显示了肖邦在巴黎音乐界的显赫地位和名望。

演出结束后，舒曼评价肖邦的音乐说："你的乐曲是'藏在花丛中的大炮！'"

1844年春，肖邦刚过完34岁的生日，5月份，就传来了父亲尼古拉在华沙病逝的消息，肖邦一想到自己和73岁的老父亲连最后一面都没有见到，他感到悲痛万分。

1846年，肖邦和乔治·桑在诺罕庄园里一起度过了最后一个残秋。11月，由于种种原因，他们分开了。

在乔治·桑的关爱下，肖邦度过了9年的快乐时光。在这9年里，他又创作了许多脍炙人口的乐曲，这些作品里，都体现了他对波兰人的热爱之情。

不为利益所驱使

肖邦在他的一生中开了 30 次音乐会就建立了一种传奇式的荣誉，这在钢琴演奏史上别无他例。

1841 年 4 月 26 日肖邦在中断了 3 年之后举行了一次音乐会，此后 7 年，他没有公开演出，直至 1848 年 2 月 16 日，他在巴黎举行了最后一次音乐会。他在音乐会舞台上的引退与他作为作曲家的声誉的提高同步，而这是符合他自己的愿望的。

肖邦的那么多次演出中，还有许多次是义演，没有索取过任何报酬。

1832 年 5 月，正是巴黎发生瘟疫的时候。肖邦当时就是因为没有资金才没能离开，而且他不顾自己的经济困难，还参加了几场慈善音乐会，为巴黎人民免费弹奏了《f 小调协奏曲》。

1835 年的 4 月 4 日，肖邦为巴黎的波兰难民义演了《e 小调协奏曲》。就在这个月的 26 日，他又参加了一次义演，没有索取任何物质报酬。

1838 年的 3 月，肖邦在诺昂为同胞奥尔洛夫斯基的义演中，再次演奏了《e 小调协奏曲》。

1842年，有人想请肖邦到身患重病的共和党人格得夫路阿·卡温尼亚克家里去，因为，他非常希望能够在临死之前再听一听美妙的音乐。

肖邦在房间里的一架破钢琴面前坐下来，开始弹奏。他的心中充满着对这位共和党战士的崇敬之情，所以这种感情完全表现在了钢琴上。音乐的效果是这样的好，所有在场的人都被这音乐感动。以至于卡温尼亚克竟然从枕头上抬起了头，脸上流淌着快乐的泪水。

他用微弱的声音喊道："啊！这音乐太美了，这样让人理解的音乐啊！我再没有什么遗憾了。"

肖邦一生中做过这么多好事，演过这么多次的义务演出，可是，几年以后，在肖邦的葬礼上，演奏肖邦的《葬礼进行曲》的那些演员们，却索取了2000法郎的报酬。这真是太具有讽刺意味了。

肖邦具有独特的演奏风格，正如一篇评论中所描述的那样，他弹奏得那么平静、那么流畅，具有那么永恒的灵巧和细腻。

肖邦的经济状况以艺术家惯有的节奏时起时落。他的收入主要来自两个方面。一是学费，肖邦授课每小时收20个法郎，一天可得80法郎至100法郎。每月可得3000法郎。但这有一个前提，就是他的健康状况良好，但他经常带病坚持授课。

跟肖邦学习钢琴的绝大多数都是有钱的贵族妇女，但是有一些把音乐当作职业和终身事业的钢琴家也到他那里学习。在这些人当中，还有一些人举行过相当成功的音乐演奏会呢！

事实上，肖邦在巴黎最经常而又最主要的工作就是钢琴教学了。

每当他看到学生有希望的时候，他便会对讲课表现出非常大的兴趣，有时甚至会倾注所有的感情和精力。

曾经有一个他的学生后来回忆道："唉！他病得实在是太厉害了，虽然如此，他讲课仍然非常有耐心，也很温和热忱。每一次课都整整上一个小时，甚至更多。有时上课真使我感到幸运。有好几次是星期天上课。我在肖邦老师那里从下午13时一直弹奏至16时才结束。最后，我都不忍心再看他这样累，提出要早一点下课，可是肖邦不肯，甚至还批评我说我不够用功。"

肖邦绝对是一个非常负责任的老师，他把教师的工作范围看得很宽。他努力使向自己学习的年轻音乐家们热爱和理解音乐。他不仅关心学生们的学习，也理解他们的心情。他对待学生也是非常严格的。他要求学生们要以严肃的态度对待音乐艺术和在音乐方面的发展。他劝告他们要经常听一听音乐和优秀歌唱家的演唱，学习好音乐理论，弹好合奏和四手连弹。

肖邦还认为一个人的自身修养也非常重要。因此，他还关心学生们在做什么事情和读什么样的书。

曾经有一名李斯特的学生林茨去向肖邦学习。林茨是拿着李斯特的介绍信去见肖邦的。肖邦没有因为是李斯特的学生就对他格外照顾，他甚至没有请他立刻坐下。

他看了看介绍信，又看了看林茨问道："您找我有什么事吗？您是李斯特的学生，是位艺术家吗？"

林茨觉得这位肖邦先生有点傲慢，便随口说："我是李斯特的朋友，我很希望能在您的教导下学习弹您的《玛祖卡》舞曲。"他刚说完，就觉得自己的话有些太不知分寸，但是已经晚了。

不过，肖邦没有为此而生气，他拉长腔调，用最客气的口吻说："那么您找我做什么呢？现在请您把跟李斯特学的给我弹弹吧，我有几分钟的空闲时间。"

林茨的钢琴弹得很顺利，肖邦对他很满意，于是就决定把他留下来当作自己的学生，不过，他还是对林茨的《玛祖卡》舞曲被渲染上了李斯特的色彩一事感到不大高兴。

肖邦在教导学生的时候，他既遵循着艺术原则，又十分重视学生个性的创造和发挥。他经常会对学生这样说："这不像我弹的那样，但是弹得很好。"

他给学生上课的时候，用的曲目范围很广泛。从贝多芬的作品到李斯特的作品，当然也有他自己的作品。他要求所有的学生都要学习弹奏巴赫的曲子。他还说："这是训练音乐家最好的道路。"

肖邦对每个学生都很负责，他根据每个学生的不同特点和基础而采用不同的方法。他还曾着手编写一部钢琴教学法。他对朋友们开玩笑地说这是"教学法的教学法"。但是由于他的健康太差了，终于没有完成这部著作。

在肖邦的学生当中，有个名字叫费尔齐的匈牙利少年。他从13岁起就以自己的演奏博得了巴黎音乐家们的赞赏。肖邦非常喜欢这个很有天分的学生，但是费尔齐太穷了，他没有钱交学费，肖邦就免费教他。不久，费尔齐便成功地举行了几次音乐会，可惜他15岁就夭折了。

他收入的另一个来源是稿费。在居住法国期间，他共出版了17册作品，平均每册的稿费为500法郎。这是1838年左右肖邦在他的鼎盛时期的经济状况。但在此之前，他曾经历过一个非常艰难的时期，而在此之后，在他生命的最后时刻，他穷得付不出房租。

按照当时巴黎的生活水平，每月有1500法郎的收入，可以生活得相当宽裕，因此肖邦曾经是巴黎最富有的波兰人之一。然而，他认为钱压根儿就是给人花的，他花在自己身上，更愿意花在别人身上。他从不拒绝帮助来访的波兰音乐家，时刻准备救济穷困的波兰侨民。

他还把极其昂贵的礼物分赠给他的亲人和朋友。他曾经把一只镶着3块贵重宝石的戒指送给他的母亲。还送给女作家乔治·桑一张路易十五时代的华丽并且镶着一块灰色大理石的半圆形的写字台。在巴黎的卡尔纳瓦莱博物馆里,有一只刻有巴黎第一所钟表厂"莱罗依"制造的精美怀表,那是肖邦送给乔治·桑的儿子莫里斯的。

　　肖邦从来不把金钱放在眼里,出版商却对此加以利用。肖邦索取的出版费用已经很少了,可是,他们还是一拖再拖,不肯出版,目的就是为了让肖邦能把作品白白地送给他们,而不交付一分钱。

　　1829 年肖邦第一次去维也纳旅行时,哈斯林格曾告诉肖邦,他的作品将很快由奥代出版公司出版,但却一直没有拿去出版,当肖邦离开维也纳时,他又一本正经地说:"乐曲将在 5 周内出版。"事实上《c 小调奏鸣曲》一直被压在这个出版公司里,直至肖邦死后两年,哈斯林格的儿子才把这首奏鸣曲印了出来。

　　1830 年,肖邦第二次来到维也纳的时候,哈斯林格故伎重演,但此时肖邦已经看透了他的把戏,肖邦在致家人的信中写道:

> 　　哈斯林格老谋深算,他想客客气气地、然而轻而易举地把我打发过去,想让我把作品白白送给他。克连盖尔对哈斯林格对我的《变奏曲》不给任何报酬一事感到惊讶。
> 　　哈斯林格也许以为他表面上把我的作品看得很轻,我会当真接受他这种评价,而白白地把作品送给他?但是,白送的事已经结束了,现在,畜生付钱吧!

　　肖邦曾经说过:"我天生不是为了钱而创造的人。"但是他也同样清楚,他创作出来的东西是可以卖钱的,而一个人要想生存和创造就必须要有钱。为此他不得不经常与狡猾而贪婪的出版商们周旋。

一颗心回到波兰

1847年年底,巴黎的局势很不太平。民众经常在街头上闹事,一届届短命的政府使国家的财政越来越紧张,钱币迅速贬值。

失业人员的数字也在急速上升,他们很快就在街头聚集了20000民众,游行示威,还提出了反政府的口号。很多人都已经在议论一场新的革命!

为了平息骚乱,有人要求举行普选。这在一位法国国王看来可是不可想象的,于是他在不久也逃走了。

肖邦没有了学生,生活也就失去了来源。他想在平时来往的朋友那里寻找避难所。可是,他们都准备离开巴黎。看来,再举行音乐会也是不可能的了。

这时候,肖邦的一位苏格兰学生珍妮·斯蒂尔林劝他说:"老师,去英国吧!那里可以让您换一下环境,可以让您有更高的收入,可以让您接受到更先进的治疗!"

珍妮和乔治·桑同岁,她也是肖邦的崇拜者,跟肖邦学了很长时间的钢琴。当乔治·桑离开肖邦后,她就来到肖邦的身边,照顾日益消瘦的肖邦。

在肖邦的心里，他也想出国换一下心境，也想把他的病痛治好，他更想出国把他心里的创伤治愈。可他需要钱，于是他对李斯特说："在去英国之前，我想在巴黎举行一场音乐会，我想和这里的观众告别。"

1848年2月16日，在李斯特等朋友的帮助下，在巴黎普莱耶尔音乐大厅，肖邦举办了最后一场音乐会。

这次音乐会，距肖邦自7岁公开演出以来，整整过去了30年。自己跨入音乐殿堂以来的一幕一幕，浮现在肖邦的脑海里，这使他百感交集。他把自己创作的各类乐曲，都选出一首代表曲写在了节目单上。

肖邦对李斯特说："把我家里的钢琴，抬到演出现场吧！我要用最好的钢琴为观众演奏！"

19时，音乐大厅安静下来，肖邦走上台，向观众挥手致意。他并没有像传说的那样，被人扶着走上舞台，他只是身体不佳，被人用轿子抬到音乐大厅的。

观众看见肖邦镇定的神色，想起他以前的风度，想起他以前音乐会的火爆场面，当即报以长时间的掌声。

肖邦怀着更激动的心情，坐下来开始演奏乐曲。他演奏了自己新创作的《大提琴奏鸣曲》，他还和小提琴家奥古斯特·弗朗肖姆一起演奏了莫扎特的《E大调三重曲》。

这次演出很成功。可是，这些演出曲目对这时的肖邦来说，无疑太繁重了，他的体力极度透支。演出结束后，大厅里响起了雷鸣般的掌声，肖邦向观众最后一次鞠躬谢幕。他走下台时，竟然昏倒了，珍妮赶忙上前扶住了他。

不久，巴黎爆发了"二月革命"。肖邦不得不离开巴黎。

1848年4月8日，肖邦来到了英国伦敦。在当时的伦敦，还有许多巴黎的名流，他们大多是因为害怕受到"二月革命"的冲击，都来到这里发展事业。

英国的观众早已了解肖邦在巴黎音乐界的地位。在肖邦还没有到来时，《伦敦邮报》就刊登了肖邦的大幅照片，并对他的艺术成就大加赞美。

肖邦一到伦敦，立即受到上流社会的欢迎。这使他的教学和演出工作得以迅速展开。他的拜访、回访、晚会、午餐会多得数不清，不久，他累得吐了血。

尽管肖邦累成这个样子，可是却没有赚到多少钱。英国是个商业民族，非常讲究实际，很少有慷慨的精神，更缺少在法国常见的那种在艺术事业上的豪华气派。

肖邦出席的晚会经常是不给酬劳的。连给学生上课的学费也很少，有些学生甚至还为了逃避学费而跑到乡下去。

肖邦发现英国人是用金钱来衡量一切的，对他也是不例外的。他们甚至直接询问肖邦到底值多少钱。肖邦还发现，英国人根本就不把音乐当作是艺术，没有人把音乐家当作是艺术家，这是因为在他们的语言习惯中，音乐是艺术之外的东西，是一种职业。

英国人实际上根本不能欣赏肖邦的音乐。没有人赏识他，他也就开始不喜欢这座城市。而且，肖邦还不喜欢伦敦的气候。

经历了英国人的许多冷漠，肖邦对英国人也开始没有什么好感了。贵族们对他倒是很欢迎，可是也没有人肯付报酬，那些平民们听了他那始终流畅、没有什么花架子的演奏，反应更是冷淡。

只有那两位女学生每天无微不至地关怀着肖邦，还拿自己的钱来改善他的物质生活，看肖邦缺什么就主动给他买什么，还不让肖邦知道。于是就传起了流言，说他会娶两个人中的一位做妻子。

肖邦听到了这些话十分生气,他在给友人的回信中说:

即使我爱上了一个女人,而且她也非常爱我,可以陪我一生,我也不会结婚的,因为我们根本就没有吃的,更不用说是安身之地了。

有钱的女子要找的是有钱的丈夫,即使不要有钱的,也不会要一个病得要死的人的,而是会要美貌的青年。

我可以一个人受苦,但是如果两个人一起受苦,那可是最大的不幸。我可以死在医院里,但是绝不能在死了以后,留下一个连面包都吃不上的妻子。

不过,在伦敦也有让肖邦感到欣慰的事情,那就是他会见了自己的同胞。那是他在去苏格兰之前,伦敦的波兰侨民为了表示对他的敬意而举行了一次宴会。

宴会结束以后,肖邦把大家请到了自己的住所,用万分感激的心情弹奏了《玛祖卡舞曲》和《波洛涅兹舞曲》,他弹奏得十分尽兴,一直弹到了深夜2点多。

不久,肖邦的病情加重,他终于想要离开了。让维多利亚女王和什么不列颠帝国的贵族们见鬼去吧!也让苏格兰的城堡见鬼去吧!

肖邦的身体实在是太虚弱了,他的气喘、头痛,各种旧病都一次又一次地光顾于他。肖邦再也受不了了。他决定回法国,他不想死在异国他乡。1848年11月23日,肖邦离开了伦敦,结束了英国之行。这也是他一生中的最后一次旅行。

7个月的伦敦之行,使肖邦身体健康状况急剧下降。当时对肺结核没有更好的治疗办法,肖邦虽然不停地看医生,把所有的钱都花在了治病上,可他还是不停地咳嗽,最后发展到咯血。

这时肖邦处于困窘状态,常常是靠朋友的接济才交上房费。为了支付昂贵的医药费,他常常侧卧在床上,给学生讲课。豆大的汗滴常常从他的额头滚落下来。

因为害怕传染,肖邦的学生越来越少了,人们都在背后议论他痰里的血丝。只有他的好朋友和几位忠实的学生陪伴着他,照顾着他。

肖邦一看到血,就想起了艾米莉娅。他预感到他就要不久于人世了。于是,他在1849年6月,在给家里人的信中写道:

> 我想,我和父亲和妹妹马上就要在天国见面了。在这个时刻,我非常想见到我在华沙的母亲和姐妹!

在尼古拉去世后的5年里,尤丝迪雅也是疾病缠身,她本想来见儿子一面的,可是已力不从心了!

在1849年的8月9日,肖邦终于盼来了华沙的亲人,姐姐露伊斯一家三口来巴黎看他。病榻上的肖邦紧紧拉着外甥女小露伊斯的手说:"舅舅的样子吓着你了吗?"

肖邦终于见到亲人了,悲伤、兴奋的泪水交织在一起,他对姐姐说:"我觉得我不是从前那个孤独的人了!"

与亲人相见,让肖邦脑海里浮现了许多童年的情景,让他更加思念自己的祖国。朋友们知道肖邦病重的消息,都前来看望他。肖邦在病榻上与他们一一道别,他向朋友们说了许多感激和祝福的话。

在最后的清醒时刻,他对姐姐和身边的朋友说:"在我死后,让我长眠在我崇拜的意大利作曲家贝里尼身旁吧!把我的心脏带回祖国波兰,生前我不能回到妈妈的怀抱,死后我也要回到祖国的土地上。我要告诉波兰,我的心脏为波兰而跳动!"

1849年10月17日凌晨2时，肖邦停止了呼吸！

10月30日，肖邦的葬礼在巴黎马德莱纳大教堂举行，他被安葬在拉雪兹神甫公墓。

在莫扎特《安魂曲》和肖邦自己创作的《葬礼进行曲》的旋律中，珍妮把肖邦一直带在身边的用银杯装着的波兰的泥土，撒在肖邦的坟墓旁。

附：年　谱

　　1810年3月1日，肖邦出生于波兰热拉佐瓦·沃拉。他的父亲是尼古拉·肖邦，母亲是尤丝迪雅·肖邦。

　　1817年初，肖邦开始在沃得伯克·茨弗尼的指导下学钢琴。

　　1818年2月24日，肖邦在华沙拉齐维尔宫举行第一次公开音乐会。

　　1822年，肖邦由华沙音乐学院院长约瑟夫·埃尔斯纳亲自教授钢琴和作曲。

　　1823年，肖邦进入华沙中学学习。

　　1825年，俄国沙皇庆贺自己荣获波兰皇位，肖邦被召去为他演奏。

　　1826年，肖邦考入华沙音乐学院。

　　1828年，肖邦访问柏林。他和埃尔斯纳一起作《克拉科夫回旋曲》。

　　1829年7月，肖邦首次访问维也纳。8月11日和18日，在维也纳歌剧院举行了两场公开音乐会。

　　1830年5月17日和22日，肖邦在华沙国家剧院举行了两场音乐会。11月2日，离开波兰去维也纳。11月30日，华沙爆发了波兰人民反抗俄国统治的起义。

1831年7月，肖邦离开维也纳。9月，到达巴黎。华沙的起义被镇压。

1832年2月，肖邦和他的朋友卡尔克布雷纳、希勒和李斯特一起在巴黎举行了首场音乐会。此后，他被法国上层社会发现，开始在巴黎建立自己的事业。他开始以教钢琴课谋生。

1834年，肖邦写了4首《玛祖卡》和12首练习曲。

1835年，肖邦在巴黎举办了一系列音乐会。8月，在卡斯巴德与父母见面。然后，他在沃德金斯基家住了一段时间，在那里他爱上了玛丽娅。

1837年，肖邦与玛丽娅分手。开始写24首《前奏曲》。

1839年2月，肖邦患了肺结核，和乔治·桑一家离开马略卡岛去法国马塞。5月到9月，住在法国诺罕庄园乔治·桑的家里。

肖邦作了《G大调夜曲》《升F大调即兴曲》和3首《玛祖卡》。不久，搬回巴黎过冬。

1841年4月26日，肖邦在巴黎普莱耶尔音乐厅举办了一场音乐会。

1844年5月3日，肖邦的父亲在华沙去世。肖邦的两首《夜曲》和3首《玛祖卡》出版。

1846年，肖邦和乔治·桑关系出现了不和谐的音调。6月，乔治·桑的书《鲁克莱齐亚》出版，该书披露了她与肖邦的关系。

1847年，乔治·桑的女儿索朗芝与奥古斯特·克莱辛格结婚。乔治·桑、她的孩子们与肖邦之间的不和，标志着乔治·桑和肖邦关系的结束。

1848年2月，肖邦在巴黎举行了他最后一场音乐会。这期间，巴黎局势动荡不安。3月,他和乔治·桑偶然相遇,这是他们最后一次见面。

同年4月,肖邦赴英国旅行,在伦敦、曼彻斯特、格拉斯哥和爱丁堡举行多场音乐会。11月,肖邦感觉不适,回到巴黎。

1849年夏天,肖邦的姐姐和她的丈夫一起来看望重病的肖邦。

1849年10月17日凌晨2时,肖邦去世,时年39岁。